Working girl épanouie,
c'est possible !

Sans sacrifier son temps,

son énergie,

sa famille…

AF129928

Table des matières

Introduction   1

I. État de l'homme avant et après le péché   13

II. Pourquoi Dieu a donné la loi écrite   16

III. Tout notre salut ne vient que de Christ   20

IV. Comment nous recouvrons l'image de Dieu   30

V. Comment le chrétien se revêt de Christ   56

VI. Quelques remèdes contre le doute   64

Working girl épanouie, c'est possible !

Sans sacrifier son temps,

son énergie,

sa famille...

Sylvia LECARDRONNEL

Sylvia LECARDRONNEL est maman, manager et coach.

Elle anime des conférences, ateliers et sessions de coaching in-dividuel ou de groupe pour les femmes souhaitant trouver un épanouissement personnel et professionnel à la hauteur de leur ambition.

Ce livre a été réalisé avec l'aide de Laetitia REMERICQ, coach ré-dactionnel, www.desmotsenligne.com

Illustration : Romain ROGUE

Édition :   BoD – Books on Demand
12/14 rond-point des Champs-Élysées, 75008 Paris

Impression : BoD – Books on Demand, Nordestedt, Allemagne

ISBN : 9782322180318

Dépôt légal : Janvier 2021

TABLE DES MATIÈRES

Avant-propos   **9**

Partie 1 – LES DÉFIS DE LA FEMME MODERNE   **13**

La femme moderne, un robot multifonctions   15
Un costume mal taillé   23
Voulez-vous vraiment être cette *Super Woman* ?   27

Partie 2 – DE *WORKING GIRL* DÉBORDÉE À MANAGER ZEN…   **31**

Complexée mais travailleuse !   31
Un goût prononcé pour l'accompagnement et le management   33
La machine infernale est lancée   37
Frôler la mort m'a sauvé la vie   39
Une pause salutaire   43
Changement de rythme   44

Partie 3 – DEVENIR UNE « LEADEUSE » RAYONNANTE !   **47**

Une prise de conscience pour un changement positif   47
Les étapes de votre transformation   59

Partie 4 – ET MAINTENANT ?   **81**

1°/ Cessez de vous aveugler   82
2°/ Ne restez pas seule   82
3°/ Investissez en vous   84
4°/ N'oubliez pas de vous ressourcer   86
5°/ Ne négligez pas la partie immergée de l'iceberg   87

REMERCIEMENTS   **92**

RESTONS EN CONTACT   **93**

Avant-propos

Chère lectrice,

Avant toute chose, un énorme merci pour avoir choisi ce livre, un livre que j'ai écrit pour vous et avec vous… ou vos sœurs jumelles ! C'est pourquoi j'ai vraiment l'impression de vous parler comme à une amie.

Ce livre s'adresse à toutes les femmes cadres qui veulent changer de regard sur leur vie. À toutes celles qui se demandent comment elles en sont arrivées là, qui doutent de leurs compétences au quotidien, qui sont en poste et s'interrogent sur le sens d'un tel sacrifice, qui culpabilisent parce qu'elles ne voient pas leurs enfants et leur conjoint·e assez souvent, qui remettent en cause leur légitimité. À toutes celles qui se sentent débordées.

Ce livre est un cadeau.

Ce livre vous propose une **TRANSFORMATION**…

Adieu les injonctions sociales savamment distillées, qui hypothèquent notre bien-être professionnel et nos équilibres de vie !

Avec ce livre, je veux vous aider à vous reconnecter à ce qui vous fait vibrer et à retrouver l'harmonie. Je veux vous réconcilier avec vous-même pour mieux (re)-découvrir votre puissance managériale et identifier les leviers d'organisation qui vous faciliteront la vie.

Et je sais de quoi je parle !

Avant-propos

Qui suis-je ? Je vous en dirai plus tout à l'heure, mais voici l'essentiel : je m'appelle Sylvia Lecardronnel, je compte 50 printemps et suis coach pour les femmes. La partie de ma vie précédant le mois de juillet 2010 se résumait à ce qui suit :

- Un poste de cadre supérieure dans lequel je m'investissais à 200% et dont j'assumais pleinement les responsabilités, les réunions quasi-permanentes et les déplacements fréquents ;
- Une imagination et une créativité hors normes, mais bien cachées au fond de mon sac avec pleins de petits bazars par-dessus, car pas politiquement (ou « managérialement ») correctes. C'est en tout cas ce que je pensais ;
- Une bonne dose de doute à propos de mes compétences et, par effet ricochet, un besoin vital de PROUVER que j'étais capable de…
- Dernier point, et non des moindres : une gestion quasi-militaire de mon environnement personnel !

En résumé, une femme des temps modernes, qui veut tout sans rien sacrifier… Une *Wonder Woman* digne des épopées de **MISSION IMPOSSIBLE** !

Une femme avec 2 enfants, un mari, une maison et une balançoire dans le jardin ; un appartement pour des semaines de travail marquées par une transhumance hebdomadaire ; des ami·e·s ; un poste à responsabilités en tant que cadre participant au CODIR (comité de direction) ; un planning de ministre (c'est en tout cas la représentation que j'en ai).

Une femme performante, reine de la logistique, qui doute (en secret) de ses capacités, qui ne se sent pas toujours à l'aise dans les instances de direction, qui n'a le temps de rien, et surtout pas de temps pour elle-même.

Et puis, en 2010…

C'est l'accident sur une route de campagne…

Et ma vie change.

Dans ce livre, je vous explique ce qu'a été mon cheminement personnel et vous transmets un plan que vous pourrez également utiliser pour dépasser le statut de « parfaite » *Wonder Woman* au quotidien.

"

Comme moi, enlevez les cailloux de vos escarpins pour mieux avancer dans la vie !

"

J'espère pouvoir vous accompagner dans une démarche personnalisée et efficace en partageant mon chemin et en vous aidant à trouver le vôtre.

Aujourd'hui, j'aide en effet les femmes cadres à s'épanouir en progressant dans un job qui leur correspond et pour lequel elles sont entièrement légitimes, en établissant une organisation à leur service (et non l'inverse) et en adoptant un style de management adapté à leurs valeurs et à leur personnalité.

Avant-propos

Dans ce monde professionnel, il est possible de concrétiser ses espoirs et considérer de nouveaux horizons. La réussite de votre vie dans sa globalité ne dépend pas uniquement de votre parcours mais bien de votre capacité à être vous-même et à agir avec authenticité. C'est plutôt une très bonne chose.

Attention cependant, ce livre ne contient pas de baguette magique. Ce qu'il renferme n'est pas non plus un doux rêve ou une illusion. Ce livre est à notre image. Riche, pluriel, contrasté, il suppose aussi de cesser d'être dans le déni, d'assumer sa part de responsabilité et d'accepter le changement.

En lisant ces pages, vous aurez une vision beaucoup plus claire sur la façon d'échapper au formatage quotidien dans lequel vous êtes peut-être enfermée aujourd'hui. Vous y trouverez des chiffres-clés, une démarche balisée et des témoignages inspirants.

Car j'aimerais vraiment que vous parveniez chaque jour à allier performance et épanouissement, que vous deveniez la cadre performante (et non débordée), multipliant les résultats avec 3 fois plus de plaisir, de temps et de sérénité.

En bref, une nouvelle femme des années 2020.

Partie 1 – LES DÉFIS DE LA FEMME MODERNE

C'est le moment d'être flamboyante. Elle a tout fait pour être au top. Trois semaines qu'elle travaille sur ses 10 slides : résultats sur les 12 derniers mois, analyse des *« Unique Selling Points »*, plan d'action, stratégie à 5 ans... Madame F. est cadre supérieure et c'est la première fois qu'elle se présente devant le COMEX. C'est la chance si longtemps attendue de faire bonne impression. Sa tenue est parfaite, tailleur pantalon gris, chemisier blanc, elle a même mis ces chaussures à talons qui lui torturent les orteils à chaque pas pour paraître plus grande. Il faut bien ça. Elle vient d'apercevoir quelques sourires en coin qui ne sont guère encourageants. C'est ainsi qu'elle les interprète.

C'est à son tour d'intervenir. *Let's go !* Elle se lève et s'avance. Ses mains tremblent un peu. Pas question de laisser sa voix vaciller. Elle a répété et connaît les chiffres par cœur. Bien mieux que n'importe quel VP (prononcer *vipiiii* et comprendre vice-président) assis autour de cette table. Elle regarde l'assistance, prend sa respiration et...

Le portable qu'elle a posé devant elle pour mieux gérer son temps se met à vibrer furieusement. Elle voit s'afficher le SMS. L'ECOLE, MAUVAIS PRESAGE... « Bonjour Madame F., votre fils est tombé en jouant au foot. Sans doute rien de grave, mais par sécurité, il faudrait l'emmener chez le médecin au plus vite. Pourriez-vous nous rappeler ? Votre mari est injoignable. Merci, Mme D., directrice de l'école. »

Partie 1 – Les défis de la femme moderne

Première réaction : C'est pas le moment !

Faut-il poursuivre et imaginer la tempête émotionnelle ravageant soudain la belle assurance de Madame F. ? La vague de culpabilité qui la submerge au moment où elle décide de maintenir la présentation, l'urgence avec laquelle elle commente ses slides, l'effort qu'elle s'inflige pour ne rien laisser paraître et répondre calmement aux questions, le soulagement mêlé d'inquiétude lorsqu'elle parvient enfin à s'éclipser ?

Dans notre histoire, le fils de Madame F. n'a heureusement qu'une vilaine bosse et la présentation produira l'effet escompté. Mais l'incident est le grain de sable venant enrayer une organisation soigneusement pensée. C'est le surplus de stress fragilisant l'idéal de « femme forte et moderne » qu'elle souhaite atteindre. Les nerfs de notre cadre supérieure viennent d'être mis à rude épreuve. Elle rentrera chez elle avec la boule au ventre et une sensation de malaise qui ne la quitte plus depuis quelques temps.

Ce sentiment d'inconfort permanent, elle est bien loin d'être la seule à l'éprouver. Je l'ai plus d'une fois observé chez les femmes que j'accompagne. Vous êtes-vous reconnue ?

Si c'est le cas, vous avez bien fait d'ouvrir ce livre. Je vous propose d'explorer les différentes facettes d'un tel mal-être dans ce premier chapitre.

La femme moderne, un robot multifonctions

La charge mentale

Au siècle dernier, la femme s'est mise au travail... d'une façon enfin visible.

Ce n'est pas qu'elle se tournait les pouces avant cela ! Mais elle est sortie de la maison pour investir le monde de l'entreprise et faire carrière. Depuis une cinquantaine d'années, la femme possède, elle aussi, une vie professionnelle. Ce qui est resté presque impensable pendant 2000 ans est devenu une réalité incontournable. Dans nos sociétés occidentales, le fait qu'une femme travaille et ait un poste dans lequel elle s'implique est parfaitement entré dans les mœurs.

Dès la fin de la seconde guerre mondiale, les portes des écoles supérieures se sont ouvertes aux femmes qui, dès lors, sont arrivées sur le marché armées de diplômes et ont souhaité obtenir les mêmes prérogatives que les hommes. Disons-le, elles y ont également gagné une certaine autonomie financière, gage d'indépendance et de liberté de choix. Cette tendance n'a cessé de se confirmer au long des dernières décennies, l'époque n'étant plus au sacrifice.

L'homme n'est donc plus le seul à pouvoir décrocher un poste à responsabilités et à ramener un salaire à la maison !

Mais dans bien des cas, à la maison, rien n'a vraiment changé. Madame reste seule maîtresse (sans mauvais jeu de mots) de ce qui est toujours considéré comme son territoire.

J'entends déjà protester les messieurs et affirmer qu'ils participent de plus en plus aux tâches ménagères : « Je viens juste de passer l'aspi », « Je sais même changer une couche ! », « La vaisselle, c'est moi ! », etc. Oui, c'est vrai, certains mettent la main à la pâte. Mais le changement est lent, terriblement lent.

> Selon les enquêtes réalisées par l'INSEE sur l'évolution de l'emploi du temps des ménages au fil des ans, les femmes s'acquittent toujours de la majorité des tâches ménagères (64%) et parentales (71%) en 2010. Ces pourcentages ont très peu évolué en 25 ans (ils étaient respectivement de 69% et 80% en 1985).

Autant dire qu'à la maison, l'égalité n'est pas d'actualité !

Il importe bien sûr de nuancer ces propos. Les statistiques de l'INSEE nous révèlent, malgré tout, la moitié d'une bonne nouvelle : le temps consacré par les femmes aux tâches ménagères a sensiblement diminué. Mais elles ne les ont pas déléguées aux hommes pour autant !

> En 2010, les femmes consacrent chaque jour 3h03 aux tâches ménagères contre 4h12 en 1985. Pour les hommes, ce temps diminue de 9 minutes sur la même période.

En réalité, Madame a surtout abandonné la couture domestique et reste moins longtemps derrière les fourneaux (merci à l'évolution de l'électroménager, aux robots, surgelés, plats préparés et autres livraisons à domicile). Il semble en résumé que le changement soit surtout lié aux nouveautés de la vie moderne.

Nous pourrions débattre de ces chiffres pendant des heures et les décortiquer dans le détail. Le fait est que les femmes ont toujours, dans leur immense majorité, la charge de la maison et des enfants et ce, quels que soient leur âge et leur situation.

D'ailleurs, le vrai problème n'est sans doute pas là. S'acquitter du ménage est une chose fastidieuse mais finalement assez simple. Madame, Monsieur ou même l'ado de la famille grommellent un peu au moment de sortir l'aspirateur mais finissent par chasser la poussière avec entrain. En un tour de main, tout est fini avec, en prime, le sentiment du devoir accompli.

Tout se complique lorsque vous incombe également la responsabilité de la maison et des enfants. En d'autres termes, il s'agit non seulement d'exécuter les différentes tâches, mais aussi de les prévoir, les planifier et les organiser. Je vous parle ici de charge mentale. À la maison, cette charge mentale est quasi systématiquement supportée par les femmes.

Vous êtes-vous déjà sentie comme un ordinateur central en pleine surchauffe ?

Voyez-vous une *to-do-list* géante dès que vous fermez les yeux ?

Votre vie ressemble-t-elle à un marathon quotidien ?

Je vous donne quelques exemples et serais bien surprise si vous me disiez ne jamais vous être trouvée dans une situation de ce genre :

Dimanche soir : le linge est propre et bien rangé, le bulletin et le carnet de correspondance sont signés, il y a quelques plats d'avance au congélo. À noter pour cette semaine :

- prendre rendez-vous chez le médecin pour le rappel de vaccin (ne pas oublier de passer à la pharmacie et garder la boîte au frais) ;
- payer la facture d'électricité (vérifier s'il reste des timbres et voir comment passer au prélèvement automatique) ;
- racheter du nettoyant carrelage pour Mme S. (elle me l'a réclamé 2 fois déjà) ;
- prévoir le cadeau d'anniversaire pour la copine de M. (courses entre 12 et 13h mardi ?) ;
- que faire à dîner vendredi soir avec L. et B. ? Leur demander s'ils viennent avec les enfants. Rappeler à « chéri » de s'occuper du vin ;
- etc.

Vous voyez de quoi je parle, n'est-ce pas ?

> **Après le boulot, allez go !
> C'est la deuxième journée de travail
> qui commence !**

Peut-être Monsieur vous aide-t-il à la maison. C'est un homme moderne et il voit bien que vous courez à longueur de journée. C'est bien normal, après tout, vous travaillez tous les deux. Mais il n'est pas toujours en capacité d'anticiper la myriade de choses à faire et à prévoir, et vous devez lui en dicter la majeure partie, comme bon nombre d'autres femmes avec leur conjoint. Il se rend au supermarché le samedi matin mais c'est vous qui lui donnez la liste de courses. Il sort sa caisse à outils à force de vous entendre pester contre ce qui ne fonctionne plus. Il conduit le petit dernier au foot mais il vous faut préparer le sac et les crampons, voire lui rappeler les horaires.

Dans la majorité des cas, les hommes considèrent leur conjointe comme la personne responsable du foyer, celle qui « sait ce qu'il y a à faire et quand il faut le faire ». Ils s'en trouvent infantilisés et les femmes sont épuisées. Soyons clairs ! Je ne blâme ni les uns ni les autres. Nous verrons par la suite que cette situation très courante est le résultat, entre autres, de nombreux facteurs externes.

Vous êtes cadre dirigeante au bureau ? Je suis prête à parier que vous l'êtes également à la maison.

Au travail

Le travail, parlons-en !

C'est votre symbole d'indépendance et d'épanouissement. Vous avez poursuivi de brillantes études et gravi les échelons un par un. Vous êtes ambitieuse et venez même d'obtenir cette promotion que vous briguiez depuis des années. C'est simple, votre job, vous l'adorez !

Pourtant, comme Madame F., vous avez la désagréable impression que quelque chose ne va pas, sans être capable de l'expliquer clairement. Et chaque fois que vous officiez au CODIR ou tout autre instance de l'organisation, vous avez la sensation déplaisante de ne pas être à votre place, voire de ne pas être réellement écoutée, ni prise au sérieux. En tout cas, pas autant que vous l'aimeriez. Votre confiance en vous est mise à mal. Peut-être même souffrez-vous d'un syndrome de l'imposteur comme c'est parfois le cas dans ce type de situation.

Outre le sentiment de passer votre vie en réunion, il vous semble également que ces instances sont surtout l'endroit où ces messieurs mettent en place des stratégies de *lobbying* plutôt que de travailler efficacement et prendre des décisions. Vous avez l'impression d'une vraie perte de temps alors que vous croulez sous les dossiers importants.

Une étude IFOP réalisée en 2018 avec la collaboration de Wisembly indique que les cadres passent en moyenne 27 jours par an en réunion, soit 3 jours de plus qu'en 2016. 49% des cadres éprouvent par ailleurs des difficultés à s'exprimer.

Au quotidien, tout se passe comme si vous vous transformiez en quelqu'un d'autre, comme si vous adoptiez progressivement un style qui n'est pas le vôtre et que votre fonction de manager entrait en dissonance avec vos valeurs profondes et votre personnalité. Vous avez la sensation que quelque chose fonctionne mal…

Coté salaire, eh bien... Il n'y a qu'à considérer l'évolution de votre bulletin de paye depuis que vous êtes montée en grade.

Dans sa déclaration annuelle de données sociales, l'INSEE examine les salaires moyens dans le secteur privé et les entreprises publiques. En 2016, les inégalités entre femmes et hommes subsistent quelle que soit la catégorie socio-professionnelle considérée. Mais c'est parmi les cadres et professions intellectuelles supérieures (y compris les chefs d'entreprise salariés) qu'elles sont le plus marquées. Une femme cadre gagne en moyenne 20% de moins que ses homologues masculins. Ce pourcentage monte à plus de 30% chez les dirigeants.

Par ailleurs, si les femmes accèdent plus facilement qu'autrefois aux postes à responsabilités, nous sommes encore bien éloignés de la parité.

Quelques chiffres complémentaires fournis par l'INSEE :

En 2017, environ 15% des femmes sont cadres ou exercent une profession intellectuelle supérieure, contre 20% des hommes (INSEE Référence, TEF édition 2019).

En 2012, seulement 15% des chefs d'entreprises de 20 personnes ou plus sont des femmes.

Là encore, les raisons sont multiples. Il apparaît malgré tout que le monde du travail se montre sensiblement plus favorable aux messieurs. Conséquence directe ? Les femmes ont le sentiment d'être moins valorisées en entreprise. Comme elles ont un rapport souvent passionné au travail (n'oublions pas qu'elles y ont conquis leur indépendance), elles se sentent forcées de prouver leurs compétences en permanence. Oui, elles sont capables... Oui, elles peuvent tout gérer... Oui, elles méritent leur position...

Alors elles se surinvestissent. Elles acceptent les projets à fort enjeu, participent aux réunions, répondent rapidement, respectent des échéances parfois insensées, mènent à bien un nombre de tâches impressionnant, enchaînent déplacements, vidéo-conférences, *reporting* et présentations multiples. Elles travaillent d'arrache-pied et répugnent à déléguer. Pour une entreprise, c'est du pain béni. Une salariée absorbant et assumant sans rien dire tout ce qui se présente ?

“

Travail + Maison
= Marathon quotidien !

„

Comme à la maison, la charge mentale augmente avec la charge de travail. Pour de nombreux cadres, et a fortiori les femmes, tout devient prioritaire. Pas le temps de faire une pause ni de sociabiliser à la machine à café. Impression d'être toujours sur la brèche, de plier sous le poids des processus et des rapports à rédiger, d'être submergée par les centaines de mails en attente, d'être accaparée par des réunions, encore des réunions, toujours des réunions. Manque d'autonomie pour régler les incidents quotidiens. Difficultés à prendre du recul et des décisions. Etc.

Cela vous rappelle quelqu'un ?

Non ? Vous, c'est différent ? C'est vrai, vous travaillez beaucoup, la journée, le soir, parfois même le week-end. Mais vous gérez. Vous êtes organisée. Tout est sous contrôle.

Vraiment ?

Un costume mal taillé

Je rencontre nombre de femmes vivant ce marathon quotidien et, disons-le, cette souffrance récurrente, sans même en avoir conscience. Elles se sont battues pour être des femmes modernes. Elles veulent un mari (un·e conjoint·e), des enfants, un poste à responsabilités, une maison bien rangée, une vie sociale, un chat, un chien, que sais-je encore ?

Pour assumer de telles ambitions, elles ont mis en place une organisation au cordeau. Rien ne doit dépasser. Et le fait est que... rien ne dépasse, ou presque.

Sans parler du sentiment quasi-permanent d'avoir endossé le costume de quelqu'un d'autre. Comme si en acceptant la fonction, il fallait muer vers un comportement masculin, directif, non empathique, où humour et émotions sont inexistants.

"

Tout va bien, répète Wonder Woman...

"

Des symptômes caractéristiques

Pourtant *Wonder Woman* semble bien fatiguée.

La femme qui s'engage sans compter dans son poste de manager parce qu'elle le veut et qu'elle a besoin de légitimité, cette femme-là n'a pas de répit. Son job, elle y pense jour et nuit. Elle a l'impression de ne jamais être à jour. Lorsqu'elle se trouve avec ses enfants, elle ne peut s'empêcher de penser à ce dossier qui n'est pas encore bouclé alors qu'il doit être remis en fin de semaine. Elle songe à l'organisation des prochaines vacances scolaires et oublie de prendre rendez-vous chez l'orthophoniste tant elle est happée par son quotidien professionnel.

Le soir, elle rentre excédée et épuisée. Elle ne supporte ni les questions ni les petits soucis des enfants. Il lui est impossible de s'endormir. Les tracasseries, réflexions et autres tâches-restant-à-accomplir dansent la sarabande dans son cerveau bouillonnant. À ce propos, vous arrive-t-il parfois d'avaler une moitié de somnifère, histoire de dormir un peu sans ressembler à une lavette le lendemain ?

Le week-end, changement de programme. Comme rien de grave ne peut se passer au bureau entre vendredi 19h et dimanche soir, les neurones font relâche. Alors notre cadre surinvestie en profite souvent pour se reposer. Que dis-je ? Elle en profite pour hiberner pendant deux jours, au grand dam de sa famille. Bien sûr, elle gère l'essentiel. Comme toujours, les enfants auront leur linge propre et les papiers les plus urgents seront traités. Mais le « superflu » ne trouvera pas sa place. La séance de cinéma ? Endurée sans entrain ou reportée ! Le footing du dimanche matin ? Zappé ! Pas le courage, trop fatiguée. Le coup de fil aux parents ? Zut j'ai encore oublié. L'anniversaire de Jeanne ? Mais tu n'en as pas parlé ! Vite, on court acheter n'importe quelle bricole en guise de cadeau de dernière minute.

La fatigue ressort et se fait impérieuse comme une vieille amie qui s'invite.

> **"**
>
> ## J'ai l'impression d'être passée à la machine à laver, fonction essorage !
>
> **"**

Cette phrase, je l'ai vraiment entendue lors d'un accompagnement et je l'ai prise très au sérieux. Ces petites remarques lancées en souriant sont souvent révélatrices. Elles peuvent cacher un véritable épuisement. Pensez-y. Et passez en revue vos derniers week-ends...

Je disais donc que notre « manageuse » parvient à gérer le plus urgent. La majeure partie du temps, elle donne l'image d'une tornade diablement efficace. Mais toutes les tempêtes finissent par s'essouffler. Une facture négligée, un rendez-vous oublié, un e-mail envoyé par mégarde à la mauvaise personne (Oups !). Rien de catastrophique *a priori*. Voilà pourtant qui détonne avec l'idéal de la femme moderne, compétente et fiable, cadre dirigeante au travail comme à la maison. De toutes petites erreurs, ici et là, qu'elle assume en culpabilisant.

Coupable, c'est bien le mot !

Vous êtes-vous déjà reproché le fait de ne pas passer suffisamment de temps avec vos enfants ? Êtes-vous déjà arrivée en retard à une réunion parents-profs ? Avez-vous déjà décliné un déjeuner avec une bonne amie car vous étiez « surbookée » ?

Notre cadre se sent donc coupable. Elle a même un peu honte d'elle-même car elle a l'impression de n'être « ni une bonne épouse, ni une bonne mère ». Elle n'en parle pas bien sûr. Pas question d'avouer un truc pareil ! Mais elle se pose des questions. Elle est tendue, nerveuse, stressée. D'ailleurs, elle a souvent mal au dos depuis quelques temps. Et toujours cette fichue migraine, le dimanche soir quand elle consulte les e-mails et prépare sa semaine de travail... C'est très étrange : ce poste, elle l'adore et elle en est tellement fière ! Alors quoi ?

"
Mon GPS personnel est en berne !
"

Oubliée !

Les femmes que j'accompagne sont souvent perturbées par autant de questions et ce sentiment de malaise devenu omniprésent. Elles comprennent qu'un changement est nécessaire et pensent bien souvent y parvenir en peaufinant encore leur organisation. Mais le problème n'est pas là.

Nous venons de voir à quel point notre cadre est débordée et se sent mal à l'aise en famille. Au bureau, elle est sous pression.

Chaque jour, il lui faut prouver ses compétences et accomplir ce que l'on attend d'elle. Alors elle y lance toute son énergie. Elle se conforme aux attendus de sa fonction ainsi qu'aux codes bien établis de l'entreprise. Elle s'adapte.

Savoir s'adapter, c'est plutôt une bonne chose, me direz-vous. Pas nécessairement. Car notre cadre supérieure y a perdu sa propre personnalité. Elle manage comme le font tous les responsables de l'organisation, et non comme le lui souffle son intuition. Elle modifie son style et sa façon de faire les choses. Être « féminine » au travail, dans son apparence comme dans son mode de fonctionnement ?

Au bureau, elle porte donc un costume qui n'est pas le sien. À la maison, elle n'a pas une minute à elle. Chaque seconde est consacrée à gérer la vie quotidienne ou satisfaire les besoins des autres.

En d'autres termes, notre *Wonder Woman* s'est tout bonnement oubliée.

Et vous, quel costume de femme dirigeante portez-vous ?

Voulez-vous vraiment être cette *Super Woman* ?

Si vous m'avez suivie jusqu'ici, vous savez que j'aurais pu remplacer ce terme par robot multifonctions, voire même super couteau-suisse. Car la femme moderne est sur tous les fronts et en oublie qu'elle est une vraie personne, avec des aspirations, des émotions et un mode de fonctionnement qui lui est propre.

> **Sois parfaite !**
> **Dépêche-toi !**
> **Fais plaisir !**
> **Sois forte !**
> **Fais des efforts !**

Voilà ce qu'elle se répète en boucle.

Vu de l'extérieur, c'est une machine ultra efficace. Lorsqu'elle parvient à donner le change, il n'est pas rare qu'on la prenne pour modèle.

Mais faut-il vraiment envier cette réussite d'apparence et cette pression qu'elle s'inflige ? Combien de temps peut-elle continuer ainsi ? Même les robots ont besoin d'être rechargés, les couteaux d'être graissés. Comment notre cadre supérieure peut-elle se ressourcer si elle n'a pas de temps à se consacrer et passe ses week-ends à dormir ou courir encore et encore ?

Croyez-moi, c'est une situation bien dangereuse. J'en ai fait l'expérience. J'ai moi-même emprunté cette voie de l'épuisement et de l'aveuglement. Cela m'a coûté cher. Si vous lisez ces lignes aujourd'hui, c'est que j'ai fini par découvrir un autre chemin. Il existe des solutions pour trouver le bon équilibre pro-perso tout en étant plus sereine. Je vous en parle dans la suite.

Mais avant de poursuivre votre lecture, posez-vous une nouvelle fois cette question, en toute sincérité : quelle est aujourd'hui votre plus grande frustration ?

Ne pas être cette *Super Woman* ?

Ou bien ne pas être vous ?

" Soyez le fruit de vos décisions... "

Partie 2 – DE *WORKING GIRL* DÉBORDÉE À MANAGER ZEN...

Si j'ai tant à cœur d'accompagner les *Super Women* modernes dans un changement de vie salutaire, c'est que j'ai moi-même vécu leur malaise et leur obsession de vouloir en permanence apporter la preuve de leurs compétences. Avec le recul, je sais aujourd'hui que je n'en étais pas arrivée là du jour au lendemain et que le mal-être de l'époque avait pris racine longtemps auparavant.

Retour vers le passé...

Complexée mais travailleuse !

Je suis l'aînée d'une famille de 6 enfants, composée de 3 filles et 3 garçons. Même si nous ne sommes pas tous frères et sœurs au sens biologique du terme, nous le sommes tous de cœur. Tout au long de notre enfance, nous sommes baignés de valeurs fortes : égalité, confiance, partage, acceptation de l'autre, travail.

En un mot, je pourrais dire que mes parents ont l'esprit très ouvert à une époque où le regard des autres est somme toute très important, en particulier dans un village rural. Une famille aimante et bienveillante, voilà qui constitue le terreau fertile de ma vie.

Seul ombre au tableau, j'ai la caractéristique d'être dyslexique et dysorthographique. Autant dire que l'apprentissage du français et de la lecture est particulièrement compliqué. C'est même le parcours du combattant ! La conjugaison ? Un vrai mystère pour moi, je n'y comprends rien de rien ! Dans les années 70, ces troubles sont largement méconnus. J'ai pourtant l'immense chance d'être prise en charge par une institutrice avertie qui me donne des cours particuliers tous les mercredis afin de faciliter mon apprentissage de la lecture et de l'écriture.

Ce problème me poursuit tout au long de mes études et contribue largement à façonner ma personnalité. J'en suis d'abord terriblement complexée. Pas si simple de buter sur les mots quand d'autres lisent déjà de façon quasi fluide et naturelle. Mais ce handicap m'apporte paradoxalement le goût de la lecture et surtout, celui de l'apprentissage. Je deviens très curieuse et travailleuse, compensant ainsi mes difficultés. On lit souvent les mêmes appréciations sur mes bulletins de notes : « studieuse », « assidue », « Sylvia n'a pas les résultats à la hauteur de son travail… » Je développe la volonté farouche de décrocher mon Bac, et d'être ainsi la première de la famille à y parvenir. C'est pour moi indispensable : il faut que j'obtienne ce sésame.

Je tiens d'ailleurs à remercier les différent·e·s enseignant·e·s qui m'ont aidée, m'ont accordé leur confiance et par là même, m'ont donné de l'assurance. Je me souviens d'une phrase prononcée par ma prof de sciences médico-sociales au lycée :

"

Mais vous êtes capable d'aller jusqu'en fac !

"

D'autres personnes au contraire ne me comprennent pas et restent sourdes à mes difficultés. Si je les avais écoutées, je me serais orientée vers l'apprentissage, une filière non plébiscitée à l'époque (dans les années 80, elles n'était absolument pas valorisée), et non vers des études secondaires puis universitaires. Un très mauvais choix compte tenu de mes aspirations et de mon parcours ultérieur !

À ce moment de ma vie, je souhaite être assistante sociale, raison pour laquelle j'ai choisi un bac technique en Sciences Médico-Sociales. J'opte finalement pour 4 ans de psychologie puis une cinquième année en sociologie des organisations et productions industrielles.

Un goût prononcé pour l'accompagnement et le management

Les études supérieures et le fait d'être totalement autonome marquent pour moi un grand changement. Mais c'est avant tout un facteur de réussite.

Mon Bac + 5 en poche, j'ai l'occasion de travailler dans l'industrie sur des projets d'accompagnement au changement d'outils (SMED - *single-minute exchange of die(s)*). Et je m'éclate ! Je m'initie à l'accompagnement au changement des collaborateurs et à la pédagogie par le jeu. C'est pour moi une véritable découverte qui nourrira bien des années plus tard mon goût pour le management participatif puis coopératif. J'intègre ensuite des organismes de formation puis une société de services dans laquelle je lance ma carrière pour de bon. J'ai à peine 26 ans lorsque je suis nommée cadre. J'en suis très fière. C'est une belle revanche sur ma dyslexie ! Une première expérience du management également, avec la gestion d'un site comprenant une équipe de 15 à 20 personnes. Plus tard, j'enchaîne avec un second site, plus petit mais dont le positionnement géographique rend l'expérience très instructive.

Pendant cette période, je côtoie de nombreuses femmes cadres et mères de famille, ce qui me familiarise à leurs problématiques. Cela ne s'arrêtera pas là...

D'un point de vue personnel, c'est aussi l'époque où je m'installe avec mon compagnon. Dès le début de notre relation, nous sommes d'accord pour faire en sorte de concilier nos 2 carrières. Nous décidons donc d'habiter à mi-chemin de nos emplois respectifs. Cela fonctionne pendant un temps. Je change alors de poste et de lieu géographique tous les 2 ans. À la naissance de notre première fille, mon compagnon se voit proposer un poste très éloigné qui l'obligera à rester absent toute la semaine. Il m'est impossible de le suivre : nous ne sommes plus seuls et il nous faut assurer un minimum de stabilité pour notre enfant. Par ailleurs, alors que je suis déjà pressentie pour une fonction de cadre supérieure, mon responsable hiérarchique m'indique que je suis bien jeune : « faites vos preuves dans votre poste. Ensuite, on verra ! »

Je suis alors responsable d'une équipe de 35 personnes et mon job, je l'adore ! Je gère donc quasiment seule une maison et une enfant en bas âge, je suis cadre et travaille à 45 minutes de mon domicile. Vous commencez à distinguer la *Super Woman* en puissance ?

Mais tout cela ne suffit pas. J'en veux davantage et j'aspire vraiment à un poste d'encadrement supérieur. J'entreprends donc une année de formation afin de devenir coach certifiée. Mon idée est de guider les collaborateurs, collaboratrices et managers au sein de mon entreprise.

C'est sans compter sur l'arrivée de ma seconde fille qui pointe le bout de son nez l'année suivante ! Naïvement, je pense que tout va se passer comme précédemment : quelques ajustements de planning, quelques astuces logistiques inédites, et hop ! Cela devrait fonctionner. Belle utopie… Je récolte surtout une très grosse fatigue... Ce qui s'est bien passé la première fois, la gestion quotidienne, les contraintes, tout cela devient soudain beaucoup plus compliqué. Nuits agitées, maladies infantiles, tout est doublé ! La charge de travail à la maison s'alourdit de façon considérable. Il faut penser à tout et sans cesse anticiper. J'engage heureusement une nourrice formidable qui m'aide au quotidien. Elle emmène les filles chez le médecin quand je ne suis pas disponible et accepte même de les garder la nuit lorsque je dois m'absenter plus longuement pour le travail. Peu à peu, je mets en place une organisation minutieuse et chronométrée. Cela fonctionne tant qu'aucun grain de sable ne vient perturber ce que j'ai instauré. Un imprévu et mon organisation est mise à mal, l'équilibre fragile s'effondre.

Une certaine routine se met finalement en place et après 2 ou 3 ans de ce régime, je commence à me sentir à l'étroit. Le mal-être vient cette fois de ma vie professionnelle. Je suis cadre depuis 8 ans, j'ai acquis la reconnaissance de mes pairs et de ma hiérarchie, ma situation est somme toute assez confortable. Mais je m'ennuie et ma motivation s'émousse. Les enfants sont un peu plus grands, il est temps d'évoluer et de briguer une mission plus engageante.

Je passe avec brio les épreuves de détection de potentiel pour les cadres supérieurs dans mon entreprise, tout en ayant conscience des obligations de mobilité et de l'investissement exigé.

Je candidate donc à divers postes au sein de mon entreprise mais échoue plusieurs fois. C'est toujours la même histoire, de meilleurs candidats se présentent, aux profils plus adaptés, avec plus d'expérience ; peut-être une certaine dose d'auto-sabotage à l'occasion, etc. Voilà qui ne peut manquer de me stimuler ! Lorsqu'une opportunité se présente enfin, je n'hésite pas longtemps même si cette nouvelle situation nécessite quelques sacrifices : apprentissage d'un nouveau métier, sortie de zone de confort, nombreux déplacements, une organisation à revoir. Je fonce et obtiens le poste. Je ne gérais qu'une agence, me voilà responsable d'un département entier !

Je n'ai plus qu'un objectif : convaincre ma hiérarchie qu'elle ne se s'est pas trompée. Je suis la bonne personne. Je suis capable d'assumer et mener à bien les missions qui me sont confiées.

Insidieusement, une petite voix me dit :

"

Maintenant, il va falloir prouver que tu es compétente !

"

La machine infernale est lancée

Vous allez le voir, la nouvelle vie que j'ai choisie m'impose un rythme endiablé. Mon poste est éloigné du domicile familial et mon compagnon est toujours absent dans le cadre de son propre travail. Il me faut donc également voyager avec les filles : je trouve un pied-à-terre pour la semaine et les inscris dans une nouvelle école. Je fais appel à une aide extérieure pour les récupérer chaque après-midi en attendant que je rentre de journées de plus en plus longues. Mais je suis devenue experte en organisation ! À chaque contrainte, son système D !

Je reste obsédée par cette idée qu'il me faut prouver que je suis compétente : je le dois à la personne qui a pris le « risque » de me promouvoir, je le dois à mes enfants.

Je dois prouver à tous, ma famille, mes amis, que je suis capable de tout gérer ! Et ce, sans rien déséquilibrer…

Je le dois à la terre entière !

Impossible de décevoir !

J'investis mon poste, voire le surinvestis, et trouve des solutions pour lui adapter, ou plutôt sur-adapter ma vie personnelle. Chaque week-end, les filles et moi transhumons, cartables et sacs de fringues sur le dos, pour retrouver notre maison et mon mari, point d'attache de la famille.

La *Super Woman* se révèle en moi. Elle dissimule habilement les voyants lumineux qui, un à un, s'allument au fond de son esprit et clignotent de plus en plus furieusement au fil des mois !

Tant d'heures de travail et de déplacements m'épuisent. Je finis par ne plus me reconnaître. Je passe mes week-ends à dormir car je n'ai plus la force de faire autre chose. J'ai de moins en moins de temps et d'énergie à consacrer aux enfants, sans même parler de mon bien-être personnel. Un rendez-vous chez le coiffeur ? Argh ! Comment le caser dans l'agenda ? Le sport, le shopping ? Impensable. Éventuellement un ciné car les enfants me l'ont réclamé. En dehors du travail, je n'accorde de mes précieuses heures que par obligation ou culpabilité.

Je continue à faire illusion. Au travail, je passe pour une cadre performante, exigeante, toujours à fond et pleine d'énergie. Je sens cependant que les choses changent. Il m'est chaque jour plus difficile de prendre des décisions quand jusqu'à présent cela m'était facile. Je perds en efficacité et n'ai plus la même capacité d'écoute. Le téléphone et mon portable deviennent mes meilleurs amis. Dans la plupart des cas, pas le temps de déjeuner le midi. Ou éventuellement en apportant quelques notes à lire, histoire de gagner de précieuses minutes. Le soir, lorsque je rentre à l'appartement, je commence par allumer mon portable, cours au petit coin (chose que j'ai négligée toute la journée), puis seulement, embrasse mes filles avant d'écrire quelques mails urgents. Avec la fatigue, je crie beaucoup sur les enfants et tout devient une charge, qu'il s'agisse d'un papier à signer ou d'un pique-nique à préparer pour une sortie scolaire. Je ne supporte plus aucun débordement ni le moindre objet mal rangé. Tout devient une montagne…

Pourtant je prends régulièrement quelques vacances. Nous rentrons alors à la maison, histoire de nous retrouver et de relâcher la pression. Au final, je m'occupe de l'intendance et passe une grande partie de mes congés à organiser, anticiper, préparer pour me faire gagner du temps dans les semaines à venir.

Des années plus tard, je m'interroge encore :

"

Comment ai-je pu en arriver là ?

"

Peut-être étais-je tellement excitée par ce job que je parvenais à donner le change à tout le monde, y compris à moi-même. Je suis sans doute passée à deux doigts de ne plus pouvoir me lever le matin. Ce que j'ai vécu alors était probablement de l'ordre du burn-out. Je pense cependant qu'il existe de nombreux stades intermédiaires, de nombreuses façons de se sentir débordée sans en arriver là. Le défi consiste à en prendre conscience et changer les choses à temps.

J'ai appris à mes dépens qu'élaborer une organisation sans faille en oubliant le fait de se ménager la moindre zone de ressourcement n'était pas la solution.

La situation dans laquelle je m'étais volontairement engouffrée ne pouvait pas durer.

Frôler la mort m'a sauvé la vie

À l'époque je suis donc submergée par les contraintes et cette croyance tenace qu'il me reste tant de choses à prouver. Je suis convaincue que les autres femmes y arrivent ; c'est donc que le problème vient de moi et de mon manque d'organisation ! Mon quotidien est une course permanente, un combat contre le temps et les imprévus. À tel point que mon aînée finit par affirmer que je n'ai pas besoin de me remettre au sport puisque je cours un marathon tous les jours !

L'une de ces journées dantesques, je m'arrête pour faire quelques courses en vitesse. Mon téléphone se met à vibrer. SMS. « Maman, je t'attends ! » Comment ça, on m'attend ? Oups ! La réunion parents-profs à l'école ! Complètement zappée ! J'ai déjà quinze minutes de retard et suis encore bien loin de l'établissement. J'appelle ma fille et lui bredouille quelques excuses, le trafic, une réunion, n'importe quoi. Silence au bout du fil. Puis une voix calme et posée :

"

Maman, tu sais, tu as le droit de me dire que tu as oublié !

"

La sagesse n'est pas toujours une question d'âge. Ce jour-là ma fille me donne une leçon : il est tout simplement impossible d'être infaillible, et ce n'est pas grave.

Je vis avec des listes et comme toutes les mamans, j'oublie parfois un rendez-vous, une lessive ou un goûter à glisser dans le cartable. Mais le niveau d'exigence que je m'inflige alors est tout bonnement titanesque. Ce qui ne devrait être qu'ennuyeux devient primordial. Pourtant, à bien y réfléchir, que peut-il y avoir de plus grave ou plus urgent qu'un problème vital vous menant tout droit à l'hôpital ? Le reste est peut-être important mais certainement pas critique. Ce n'est que parce que l'on se répète qu'une chose est essentielle qu'elle le devient, pas vrai ? Mais à ce stade, je suis incapable de relativiser.

La vie va bientôt se charger de me remettre les idées en place.

8 juillet 2010. Il fait très chaud, nous sommes en pleine canicule. J'ai travaillé au bureau toute la matinée. Zut, il est 12h30 et j'ai réunion à 14h sur un site situé à 1h30 de trajet. Je saute dans ma nouvelle voiture de service, livrée seulement 3 jours auparavant. J'active le GPS pour surveiller mon heure d'arrivée. Les conditions sont favorables, pas la peine donc de rouler trop vite. Je n'ai pas mangé et n'ai même pas emporté une bouteille d'eau, j'ai bien d'autres choses à penser. Je mâchouille un chewing-gum attrapé dans la boîte achetée la veille pour les jours où je n'ai pas le temps de m'offrir un sandwich. Mais quand on a la bouche sèche, ces gommes deviennent vite insipides. Je baisse la vitre pour m'en débarrasser.

Tout se passe très vite. Ma voiture fait une embardée, une roue glisse dans l'herbe juste devant le panneau « virage dangereux ». Le véhicule zigzague, impossible de le maîtriser. Il termine sa trajectoire sur le capot, encastré dans une haie.

Le temps que le silence retombe sur la campagne environnante, je reprends mes esprits. Il faut que je sorte de la voiture. Je m'en extrais par la fenêtre et fais quelques pas. Grave erreur. Une douleur me vrille le côté gauche, juste sous les côtes et me force à m'allonger en bordure de route. Un tracteur s'arrête, met les *warnings*. Une voiture le suit. Par chance elle appartient à un médecin généraliste qui s'empresse de m'ausculter. Selon lui, ma rate est peut-être abîmée. C'est grave, au sens premier du terme. Il s'agit d'un tissu spongieux et lorsqu'un hématome s'y forme, il gonfle et peut faire éclater l'organe.

À l'hôpital, un scanner confirme le diagnostic : rate fracturée.

Installée en salle de déchocage où je vais rester quelques jours, je n'ai qu'une idée en tête : il faut que je retourne travailler ! Je vois encore la mine des médecins quand, à peine sortie du scanner, je tente de leur expliquer. J'ai des responsabilités, je ne peux pas faire autrement, etc.

Peine perdue ! On m'annonce un arrêt de 3 mois au minimum. Mon état est grave !

Quoi, grave ? Mais j'ai juste quelques bleus… Et quelques douleurs…

Il faut toute la patience, la pédagogie et finalement la rudesse du médecin pour que je comprenne. « Une rate endommagée, c'est comme une grenade dégoupillée à l'intérieur de votre ventre. À tout moment, elle peut exploser ! »

Oups ! Dans ce cas, je vais peut-être rester tranquille…

Malgré tout, je suis pugnace. J'insiste sans relâche auprès de mes collaborateurs et collaboratrices pour qu'ils m'apportent mon courrier et mon PC, ici, à l'hôpital…

Le médecin qui me suit opte finalement pour une mesure conservatoire : plutôt que de m'enlever l'organe, il veut tenter de le sauver. La rate se ressoude très bien, mais il importe de bouger le moins possible. Après 3 semaines de surveillance intensive, je suis autorisée à rentrer chez moi mais certainement pas à travailler. Je finis par entendre raison. Après être longuement restée en plein déni.

> **"**
> ## Bon sang, vous avez failli mourir !
> **"**

C'est le choc que j'attends depuis longtemps. Celui qu'il me faut pour en finir avec la *Super Woman* qui a insidieusement pris le contrôle de ma vie.

Une pause salutaire

Je suis donc en arrêt pour 3 mois. Pas facile lorsque l'on est hyperactive, d'autant que je n'ai d'autre choix que de rester couchée pendant les premières semaines. Ma rate se répare lentement mais l'on me découvre également quelques côtes cassées. Je suis au vert. Les enfants restent chez leurs grands-parents pour les vacances d'été. Les ami·e·s, les collègues, la nourrice, une aide au ménage se mobilisent pour me venir en aide car mon compagnon est toujours absent la semaine. Repos quasi complet, plus aucune contrainte. Quel contraste ! Cela me laisse enfin le temps de réfléchir. Je lis énormément : développement personnel, gestion du stress, lâcher prise, coaching.

Les questions et les idées se bousculent dans mon cerveau au chômage forcé :

- Qu'est-ce que tu veux dans la vie ? Qu'est-ce que tu ne veux pas ?
- Qu'est-ce qui est vraiment important à tes yeux ?
- Qu'est-ce qui te fait vibrer ?

Je passe tout en revue, en particulier ce poste que j'ai tant voulu et que j'aime toujours. À force d'analyse, je comprends à quel point j'y ai perdu mon énergie et tout le sel de ma personnalité. Obnubilée par l'idée de prouver mes compétences et d'obtenir des résultats, je me suis persuadée qu'il me fallait être en tout point irréprochable. Super efficace, à la fois bonne professionnelle et bonne mère, reine de la logistique et de l'organisation. Je me suis laissé happer par une fonction et une cadence de travail qui m'exaltaient. J'ai confondu finalité et modalités : afin de répondre à ce que l'on attendait de moi, je me suis engouffrée dans un style qui ne me correspondait pas. Comme la femme moderne dont nous parlions au précédent chapitre, je me suis oubliée et ai endossé un costume qui n'était pas le mien. Je suis devenue directive avec mon équipe croyant ainsi asseoir ma légitimité. Mais ce n'était pas moi.

Changement de rythme

"

La priorité, c'est vous !

"

Octobre se profile et je dois bientôt reprendre le travail, non sans une certaine envie mais également avec la volonté de changer les choses. Hors de question de retrouver le rythme infernal « d'avant l'accident ». Je reprends ma réflexion tournée cette fois vers le futur. Je ne veux pas quitter mon poste, j'aime mener des projets, véhiculer des messages, manager des équipes. Mais il me faut trouver une solution pour faire les choses autrement. Lâcher prise sur la forme au bénéfice du fond. Obtenir des résultats tout en restant moi-même et en me respectant. Je dois adopter le style managérial qui me convient : davantage d'écoute, de confiance et de délégation.

Alors j'aménage mon temps de travail. Plus de téléphone, moins de déplacements. J'optimise l'utilisation des outils à ma disposition. Je m'assieds à table tous les midis. Mon ordinateur reste dans son sac ou au bureau et je consacre plus de temps à mes filles. Je mets 2 années complètes à me remettre physiquement de l'accident. Il m'arrive de prétexter un déjeuner pour rentrer chez moi et dormir tant je suis épuisée. Je reste dans ma fonction encore 8 années et donne toujours beaucoup à mon entreprise. Mais je ne suis plus dans une énergie négative, toujours sur la brèche pour démontrer mes compétences. J'entends les obligations professionnelles mais ne suis plus disposée à tout leur sacrifier. Plus question d'oublier une réunion parents-profs, de repousser sans cesse un rendez-vous médical, de manquer les auditions de mon aînée au conservatoire. Je suis présente à chaque moment-clé de la vie de mes filles et m'octroie des moments de ressourcement.

Croyez-vous que mes collègues se soient offusqués d'un tel changement ? Bien au contraire ! L'un d'eux me confie des années plus tard :

" Vous avez tellement changé !

"

« Vous donniez l'impression d'être toujours à fond, disponible, efficace, exigeante, intransigeante sur le respect des délais, tout en restant bienveillante. Avec l'accident, nous avons compris que vous étiez faillible et non une sorte de *Wonder Woman*. Cela vous a donné un visage plus humain. »

Cet accident m'a fait grandir et comprendre qui j'étais vraiment. C'était finalement un beau cadeau de la vie. Même s'il était bien mal emballé !

J'exerce en tant que coach depuis 2003 car je n'ai pas oublié mon attrait pour l'accompagnement. À n'en pas douter, ce que j'ai vécu peut être utile à d'autres femmes noyées sous les contraintes et les responsabilités. Vous vous sentez un peu, beaucoup, totalement dans ce cas ? J'aimerais aujourd'hui vous aider à effectuer le même cheminement, à prendre du recul et trouver les solutions qui vous sont propres, plus rapidement et sans passer par la case hôpital.

" Bonne nouvelle !
Vous n'êtes pas obligée d'en arriver là...

"

Partie 3 – DEVENIR UNE « LEADEUSE » RAYONNANTE !

Maintenant que vous connaissez mon parcours, vous savez à quel point il peut être dangereux de « tout » vouloir sans prendre le temps de réfléchir à ses aspirations et son identité profonde. Une fois que la machine infernale du perfectionnisme s'est emballée, il devient difficile de la stopper, voire même de prendre conscience du problème. J'aimerais donc, dans ce qui suit, partager plus en détails ce qui a fonctionné pour moi.

J'ai fait de cette approche, basée sur mon expérience et mon vécu, une véritable philosophie de vie. C'est l'ultime outil de pilotage dont je me sers au quotidien et qui me permet d'utiliser au mieux mon intuition et ma créativité.

Une prise de conscience pour un changement positif

Débusquez ces obstacles qui nuisent à votre carrière

Pour mieux comprendre ce qui entrave la carrière des femmes et gêne leur épanouissement personnel, intéressons-nous un instant à l'exemple de Marie.

MARIE

Marie est une femme dynamique, mariée, mère de 2 ados et d'une petite fille venue récemment compléter la tribu. Elle jongle avec une vie familiale bien remplie et un poste en tant que cadre et manager de 6 personnes. Elle tente également de conserver quelques liens sociaux mais doit bien admettre que les amis et connaissances arrivent bons derniers dans sa liste de priorités.

À la maison, Marie se sent presque comme au boulot : elle multiplie les consignes, négocie, s'évertue à cadrer les uns et les autres. « Je suis à la tête d'une véritable PME ! Je suis devenue spécialiste de l'anticipation, de l'organisation de planning, de la gestion de stock et de crise (qui s'occupera des enfants en cas de grève des enseignants, etc.) ! Et ça roule ! Tant que rien ne vient gripper le mécanisme. Une convocation imprévue au lycée ou la chaudière qui flanche, et tout ce que j'ai patiemment mis au point risque de s'effondrer. »

Marie est épuisée de devoir sans cesse penser à tout. Elle a bien abordé le sujet avec son mari mais celui-ci a vite fait de trouver une solution bancale : elle n'a qu'à préparer une liste de choses à faire et lui demander de l'aider. Tout simplement.

Ce qui, bien sûr, ne contribue pas à diminuer la charge mentale portée par sa femme qui, de son côté, ne réalise pas vraiment l'ampleur des responsabilités qui lui incombent. Elle est incapable de déléguer dans le vrai sens du terme.

Marie comprend malgré tout que quelque chose doit changer et décide de se faire accompagner. Grâce au coaching, elle passe en revue son parcours professionnel : études brillantes et résultats remarquables dans son poste. Elle comprend surtout que sa vie est guidée par plusieurs de ces injonctions inconscientes dont nous avons déjà parlé : « sois forte ! », « sois par-faite ! », « dépêche-toi ! » Au travail, elle reste bien trop discrète sur ce qu'elle accomplit. Elle s'aperçoit qu'il lui faut être plus vi-sible, élaborer son marketing personnel et travailler son image de marque. Elle réalise enfin combien elle gagnerait à accepter ses émotions et les verbaliser dans un mode de management qui lui ressemble, plus coopératif et créatif.

À la maison, sa plus grande peur est de perdre le contrôle et la maîtrise de chaque tâche. « Si elle ne le fait pas elle-même, ce sera moins bien et moins rapidement fait. »

Le coaching l'aide finalement à déjouer ces pièges du refus de délégation : elle redevient la personne la plus importante de sa propre vie et pose des actes pour se respecter et s'accorder un minimum de temps.

Cet exemple est particulièrement typique du conditionnement social et psychologique d'une femme moderne.

J'ai déjà abordé ce sujet dans mon premier livre « Propulsez votre carrière au féminin ! », dans lequel j'ai identifié 3 éléments externes bridant la réussite professionnelle des femmes :

- **Notre histoire salariale**

Le monde du travail est resté essentiellement masculin pendant des siècles. Nous l'avons évoqué précédemment, les femmes n'ont vraiment commencé à faire carrière que dans la deuxième moitié du XXe siècle. De quoi développer un syndrome de l'imposteur parfois très puissant chez celles qui accèdent à des fonctions élevées. Les femmes ont des salaires inférieurs à ceux des hommes, elles sont moins reconnues et évoluent dans des systèmes imprégnés de testostérone !

- **L'instruction que nous avons reçue et l'empreinte tenace laissée par l'éducation nationale au plus profond de nos cellules !**

Les filles se doivent d'être appliquées et studieuses. À l'école, ce sont de bonnes élèves. Malheur à celles qui préfèrent patauger dans la boue de la cour ou ont l'esprit rebelle ! Ce que l'on pardonne aisément aux garçons (« il a du tempérament ») nous horrifie chez les filles (« c'est un garçon manqué ! »). Je dis « nous » car ce genre de stéréotypes est tellement ancré dans les esprits que tous, hommes ou femmes, l'ont plus ou moins intégré sans même s'en rendre compte.

Les conséquences perdurent jusque dans l'entreprise : les femmes veulent bien faire et être considérées comme de bons éléments (disons plutôt de « bonnes élèves ») par leurs collègues et leur hiérarchie. Ce qui les pousse à travailler davantage, accepter tous les dossiers, éviter de déléguer, etc.

Dans le même esprit, puisqu'elles « travaillent bien », elles espèrent recevoir une reconnaissance naturelle pour leurs bons et loyaux services. Leurs supérieurs vont finir par les remarquer et leur octroyer une promotion bien méritée. En bref, elles attendent un Prince Charmant qui ne viendra jamais. Nous savons bien qu'en entreprise, ceux qui se montrent et « font savoir » sont finalement ceux que l'on retrouve en haut de l'échelle. Les autres, eh bien, on les oublie !

Avez-vous reconnu le portrait de Marie ? Ou peut-être le vôtre ?

- **Les stéréotypes sociaux**

Les clichés n'ont malheureusement pas cours qu'à l'école. On les retrouve également dans tous les domaines de la société. Vous êtes une femme ? Vous êtes donc sensible et fragile. Vous êtes automatiquement affublée de caractéristiques dans lesquelles vous ne vous reconnaissez peut-être pas : empathie, douceur, qualités humaines, mais aussi faiblesse ou émotivité. Voilà qui n'est pas pour vous aider lorsque vous briguez un poste de direction, souvent considéré comme une fonction très virile.

Bien sûr, la société évolue et les mentalités changent peu à peu. Mais les difficultés ne s'arrêtent pas là.

À ce que nous impose notre environnement, il faut encore ajouter nos propres préjugés et ceux de notre cercle intime. Les stéréotypes sociaux sont renforcés et complétés par notre prisme personnel, composé de plusieurs facteurs intrinsèques :

- **L'histoire de notre lignée familiale**

Quelle est la place des femmes dans votre lignée familiale ? Sont-elles devenues cheffes d'entreprise à la mort de leur mari ? Ont-elles été mères et femmes au foyer ? Ont-elles fait des études, travaillé, gagné leur indépendance financière ? Les a-t-on freinées dans leur ambition personnelle et professionnelle ? Autant d'ancrages dont il faut s'affranchir, qu'il nous faut déjouer ou qui nous portent.

- **Notre éducation familiale**

Au même titre que l'école, la nature de l'éducation reçue de nos parents, les préceptes martelés pendant notre enfance laissent des traces. Ils conditionnent bien souvent la plupart de nos choix, que l'on se conforme à la tradition familiale ou au contraire, que l'on en prenne le contre-pied.

- **Nos propres croyances**

Plus encore que l'éducation au sens premier du terme, les expressions et dictons entendus depuis notre enfance engendrent souvent des certitudes qui nous motivent mais peuvent également nous inhiber. On parle alors de croyances limitantes. « Gagner beaucoup d'argent ? C'est suspect ! » « Tu n'es pas faite pour les études longues. » « Ça ? mais tu n'y penses pas ? C'est un métier d'homme ! » « Avec des enfants, cela ne va pas être facile !» Nous avons toutes entendu ce genre de petites phrases venimeuses dont l'impact est bien plus important qu'il n'y paraît.

Ces croyances sont également renforcées par certaines des expériences accumulées au long de notre parcours. On vous a seriné que vous n'aviez pas l'étoffe d'un manager ? Il suffit alors d'un échec, même mineur, dans ce domaine pour que vous soyez persuadée qu'en effet, mener une équipe, ce n'est et ne sera jamais votre truc. Une conclusion un peu rapide, pas vrai ?

Traditions, société, famille, autant de notions ou d'entités bienveillantes en apparence. Elles structurent notre vie et nous offrent des repères salutaires. Mais pour avancer et s'épanouir, il faut parfois s'en affranchir...

Adoptez une nouvelle approche pour booster votre carrière

Lors de mes coachings, je m'attache à faire comprendre aux femmes que pour faire carrière, il importe qu'elles amènent de la « valeur » à leur stratégie. Et non qu'elles ruminent sur ce qu'elles croient être possible ou non. C'est d'ailleurs ainsi que j'ai appelé mon approche : **V-A-L-E-U-R**, comme :

* **VISION**

* **ALIGNEMENT**

* **LIBÉRATION**

* **EXPRESSION**

* **UNICITÉ**

* **RÉSEAU**

Lorsqu'elles réfléchissent à chacun de ces points, les personnes avec qui je travaille prennent conscience que la démarche implique une véritable transformation. Oui, le coaching va les changer : il y aura un **AVANT** et un **APRÈS**...

FLORENCE

Florence a fait l'expérience d'une telle métamorphose. Lorsqu'elle me contacte, elle est acheteuse dans le domaine de la mode et aimerait faire le point sur ses ambitions et l'évolution de son projet. Elle a décidé de se faire accompagner afin de passer à la vitesse supérieure au sein de son entreprise, et d'obtenir le poste et le salaire qui correspondent à ses compétences. Mais elle souhaite également prendre un peu de recul vis-à-vis de ses activités et son rôle de future maman. Elle a besoin de mieux définir ses envies et ses objectifs et, en tant que professionnelle, d'adopter un positionnement plus aligné avec ce qui fait l'essence de sa personnalité.

Elle espère une profonde réflexion sur sa vie ? Elle va être servie ! Je l'emmène pour 2 jours de tête-à-tête en Normandie. Une immersion intensive pendant laquelle elle va entreprendre cette transformation fulgurante qu'elle est venue chercher.

Elle me confie à l'issue de ces 2 jours : « je suis enfin sortie du brouillard. J'ai compris mes points de blocage, j'ai repéré et neutralisé les comportements et les croyances qui m'empêchaient de progresser. Ce coaching intense m'a permis de faire le lien entre les différentes dimensions de ma vie, professionnelles et privées. J'ai maintenant un plan d'action clair et personnalisé. C'est un bel investissement, un vrai cadeau que je me suis offert. »

La meilleure preuve de cette transformation est la remarque que lui fait sa supérieure hiérarchique, et ce, dès son retour : « c'est drôle, vous avez quelque chose de changé ! »

Les pensées, désirs, émotions et actes de Florence ne se contredisent plus et sont aujourd'hui en parfaite cohérence. Cet alignement lui a permis d'augmenter sa confiance et son estime personnelles, sa faculté à lâcher prise et se libérer des principes qui l'empêchait de se positionner en professionnelle sereine. Elle a posé les premières actions concrètes et nous avons poursuivi le travail pendant 4 mois.

Elle n'est pas un cas isolé. Linda se présente pour sa deuxième séance de coaching avec un message de la part de son mari : il retrouve enfin la femme qu'il a épousée.

Tout commence donc par une prise de conscience amenant une transformation visible, parfois radicale. Amener de la valeur dans sa stratégie professionnelle permet de libérer un potentiel jusqu'alors mal exploité.

En coaching, quelques échanges permettent souvent de détecter rapidement déséquilibres, dysfonctionnements et manques de cohérence. Ces croyances, ces diktats et injonctions paradoxales venus parfois d'autres personnes et que l'on a tenté d'adapter à soi-même, tant bien que mal. Je dirais même, plutôt mal que bien...

Pour ma part, je n'aurais jamais accompli ce travail sans l'arrêt brutal imposé dans mon quotidien par l'accident de voiture.

Aujourd'hui, je veux vous éviter d'en arriver à de telles extrémités ! C'est l'une des raisons pour lesquelles j'ai choisi d'accompagner les femmes dans ce cheminement. Mon moteur, ma passion est de les voir se transformer, se sentir mieux, redécouvrir qui elles sont vraiment et ce qu'elles peuvent mettre en place de façon puissante et authentique.

Mais j'ai aussi à cœur de les aider à trouver l'inspiration comme je l'ai fait moi-même en rejoignant le club *Femmes Ici et Ailleurs*. Ce club dispense une énergie source de bien-être et de partage. Il ouvre sur l'interculturalité, les échanges intergénérationnels et élargit le champ des possibles. Vous l'avez compris, il m'enthousiasme, me permet de progresser et de faire grandir encore et toujours les femmes que j'accompagne.

Développez un leadership rayonnant

Alors que le temps passe, deux choix s'offrent généralement à nous :

- Prendre quelques années de plus sans vraiment agir avec le risque de devenir moins performante, équilibrée, attractive. Car, ne nous le cachons pas, nos faiblesses ne font souvent que s'accentuer en vieillissant ;
- Accomplir un travail personnel et devenir une meilleure version de nous-même.

À votre avis, quel choix ai-je fait ? Quel est celui que j'aimerais vous voir faire ?

J'ai donc mis au point une méthode, basée sur l'approche VALEUR, pour vous aider à découvrir la femme cadre, « leadeuse », 100% performante, puissante, authentique et épanouie qui sommeille en vous. Celle qui attirera les opportunités professionnelles sans y sacrifier son plaisir et sa sérénité.

En voici les étapes principales :

- **Reconnexion :** il s'agit de définir précisément votre situation afin de mieux progresser ;

- **Vision :** vous identifierez vos objectifs à court et moyen terme, les leviers d'action mobilisables pour y parvenir et enfin la stratégie d'intervention à mettre en place ;

- **Travail d'organisation** : vous adapterez votre façon de vivre à la nouvelle personne que vous serez devenue.

- **Travail de cohérence** : vous adopterez un état d'esprit positif, agirez avec authenticité et surtout, réconcilierez votre tête et votre cœur !

Cela vous tente ? Je résume pour vous les bénéfices de la transformation que je vous propose :

- Être alignée ➜ se connaître parfaitement, se libérer des fausses croyances, diktats familiaux et autres syndromes parmi ceux dont nous avons parlé ;
- Augmenter sa confiance personnelle ➜ ne plus se sentir obligée de prouver en permanence ses compétences ou sa légitimité ;
- Avoir plus de temps pour soi ➜ prendre soin de soi et activer sa curiosité ;
- Adopter un mode de management authentique ➜ ne plus souffrir d'avoir à jouer un rôle ;
- Développer son charisme.

Partie 3 – Devenir une « leadeuse » rayonnante !

Je ne le répéterai jamais assez, vous libérer de vos croyances, freins personnels et loyautés familiales est une étape fondamentale pour vous sentir mieux dans tous les domaines de votre vie, qu'il s'agisse de la sphère personnelle, amoureuse, familiale, professionnelle ou financière. Sans cette évolution nécessaire, vous risquez de ressentir très concrètement le manque d'éléments indispensables à votre épanouissement : énergie, confiance, clarté, connexion, succès, argent, performance, inspiration, vision...

Plus vite vous vous libérez de vos freins, plus rapidement vous vous sentez alignée : vous clarifiez vos attentes et vos rêves, identifiez vos envies et vos passions, assumez vos angoisses et vos peines.

Vous allez acquérir alors l'étoffe de ce que j'appelle les « leadeuses » rayonnantes, des « leadeuses » charismatiques et influentes sur le long terme. N'ayons pas peur de parler au féminin ! Les « leadeuses » rayonnantes relèvent aujourd'hui des défis pour nourrir les espoirs de demain. Elles sont fidèles à leurs valeurs, respectent leurs engagements et refusent d'adopter une vision égocentrique du monde. Elles pilotent leur vie avec optimisme et affrontent la réalité avec audace et créativité. Elles se connaissent bien, savent s'adapter et réagir de manière pertinente aux situations inédites. Leur capacité à accueillir et gérer leurs émotions, leur aisance dans les relations interpersonnelles leur permettent d'entretenir leur propre passion et celle des autres. Elles sont attentives à leurs collaborateurs et prennent en compte leurs envies et leurs idéaux.

Les étapes de votre transformation

Explorons donc ensemble les étapes successives du processus qui, je l'espère, vous aidera à propulser votre carrière au niveau supérieur sans jamais perdre de vue votre identité ni vous noyer dans un quotidien étouffant.

La reconnexion

Cette étape consiste à détecter et déjouer les sources de non-alignement. En voici le déroulement.

⇨ **Stop au déni, prenez conscience de ce qui se joue pour vous !**

Revenons-en à ces fameuses injonctions sociales, familiales et personnelles. À force de vous les répéter, vous êtes persuadée que ce sont des impératifs parfaitement normaux : oui, il existe des super nanas, fortes et performantes, toujours aimables, gérant la maison de main de maître, ultra-compétentes au travail, en pleine forme car elles ont le temps de faire du sport régulièrement, etc.

Alors c'est certain, le problème vient de vous : peut-être ne savez-vous pas vous organiser, peut-être est-ce dû à une situation difficile mais passagère... Allons ! Vous allez vous reprendre en main.

"

Ça ira mieux demain !

"

Vous allez trouver des solutions et vous adapter. En vous disciplinant et en réarrangeant votre planning, tout va s'arranger. Il suffit simplement de surmonter cette période un peu chargée... Une fois que le dossier A sera bouclé, vous trouverez les bons leviers pour travailler plus sereinement. Dès que le projet de déploiement sera terminé, les choses devraient s'apaiser au bureau et vous pourrez dégager du temps pour les enfants. Ce n'est l'affaire que de quelques semaines.

STOP !

S'il vous est arrivé de penser de cette manière, j'espère qu'en lisant ce livre, vous comprenez aujourd'hui à quel point cette attitude est dangereuse et vaine. Vous pouvez continuer à vous mentir mais au fond de vous, vous sentez bien que la situation ne s'arrangera pas d'elle-même. Soyez lucide. Après le dossier A viendra le projet B et ainsi de suite, jusqu'à ce que vous ayez balayé tout l'alphabet ! Et puis cela recommencera ! Toutes vos stratégies de compensation ne servent à rien. À force de tirer sur la corde, elle pourrait bien finir par casser.

Vous devez donc éliminer le syndrome de déni qui vous empêche d'appréhender votre situation de la bonne manière. Il vous faut désamorcer cette pression surdimensionnée que vous vous infligez au quotidien. Et vous n'y parviendrez qu'en effaçant cette personne que vous avez façonnée au fil des années, ce personnage que vous tentez de devenir et qui vous convient plus ou moins. Mais qui n'est pas vous.

C'est d'un véritable travail de deuil dont je vous parle ici. Deuil de celle que vous êtes ou pensez être aujourd'hui. Vous voulez réellement changer ? Alors vous n'avez d'autre choix que de traverser cette période de déstabilisation en passant par chacune des phases nécessaires à votre transformation : déni, colère, marchandage, tristesse, acceptation.

Commencez donc par le début et cessez de nier les difficultés ; admettez que vous avez déposé votre dossier au club du burn-out.

Si vous êtes réellement dans ce cas-là, l'exemple qui suit devrait vous aider à comprendre à quel point il est temps de changer votre façon de voir et faire les choses.

 LAURINE

Laurine est ce que l'on appelle communément une workaholic, un bourreau de travail. Cette maman de deux enfants de 28 et 23 ans est une femme brillante, à qui tout réussit. À 47 ans, elle dirige depuis 6 ans une entreprise de 15 personnes dans le domaine informatique. Sa boîte, c'est son troisième enfant ; elle travaille d'arrache-pied pour « l'élever », 7 jours sur 7, sans même songer à se ménager. Laurine est infatigable, surinvestie, exigeante et présente sur tous les fronts. Par l'énergie démesurée qu'elle déploie, elle épuise ses collaborateurs. Son entreprise, c'est l'aventure de sa vie.

Et puis un matin...

La voilà tout bonnement incapable de se lever. L'idée même de tourner une cuillère dans son café lui est insupportable. Elle est exténuée.

Son impatience reprend finalement le dessus. Elle trépigne dans son lit. Après une longue journée de repos forcé suivie d'une toute petite nuit, elle se lève et repart au combat : elle doit rattraper le retard accumulé. Mais son corps proteste à nouveau. C'est le malaise. Coup d'arrêt plus sévère...

Laurine comprend alors qu'elle doit se remettre en question, faire le point sur sa vie et redécouvrir sa mission. Elle se fait accompagner pour travailler sur son mode de vie et les possibilités de délégation.

L'étape du check-up consiste à examiner chaque facette de votre existence, à identifier les problématiques rencontrées et comprendre la manière dont vous les gérez. Que se passe-t-il dans votre vie, au travail et à la maison ?

Certains signaux doivent vous donner l'alerte :

- Vous vous sentez à la fois exténuée et surexcitée ?
- Vous dormez beaucoup ou au contraire souffrez d'insomnies ?
- Vous avez pris des kilos ou perdu trop de poids ?
- Vous ne parvenez plus à prendre de décisions ?
- Il vous arrive de ne plus vous reconnaître tant vous vous mettez en colère pour des broutilles ? À la maison

notamment, vous ne supportez plus la moindre contrariété ?

- Vous avez l'impression que tout est compliqué, que chaque jour est un combat ?
- Vous avez la sensation désagréable que l'on parle dans votre dos ?
- Vous avez le sentiment de ne pas être à votre place et d'usurper votre position ?
- Vous pensez ne pas être reconnue à votre juste valeur ?
- etc.

Le coaching est ici un outil très puissant car il apporte un regard extérieur et vous pousse à décortiquer et verbaliser chacune de vos postures pour mieux mettre à jour les déséquilibres qui vous pénalisent. Il vous empêche de vous réfugier une fois de plus dans le déni.

⇨ **Définissez votre progiciel interne**

Maintenant que vous avez pleinement conscience de votre situation, il importe de définir précisément la manière dont vous fonctionnez. Les meilleur·e·s « manager·euse·s » et « leader·euse·s » ont en effet une caractéristique commune : ils ou elles se connaissent très bien.

Nous sommes bien sûr le fruit de notre personnalité, mais également de notre histoire personnelle. Et c'est bien souvent là que nous nous perdons. Nous l'avons vu, les femmes en particulier ont tendance à s'adapter, voire se sur-adapter à leur environnement. Elles se composent des attitudes qui ne sont pas les leurs afin de satisfaire à certaines exigences extérieures. Pour ne citer que quelques exemples, il peut s'agir d'adopter un style vestimentaire, un mode de management, une approche ou même des valeurs conformes aux codes de l'entreprise.

Ces ajustements progressifs mais constants de leur comportement pour répondre à des attendus, des injonctions ou des fausses croyances finissent par peser bien lourd dans leur sac à main qui ne cesse de se déformer et grossir au fil des années !

Pour vous révéler pleinement, vous devez donc commencer par redéfinir votre mode d'action et la manière naturelle dont vous vous comportez. En d'autres termes, vous devez redécouvrir votre progiciel interne.

Voici quelques-uns des points importants sur lesquels il est bon de réfléchir :

- Quel est votre cerveau dominant ? Êtes-vous plutôt « cerveau droit » ou « cerveau gauche » ? Êtes-vous quelqu'un de rationnel, axé sur les processus, ou plutôt créatif et imaginatif ?

- Avez-vous la capacité de considérer les choses dans leur globalité ou les voyez-vous jusque dans leurs moindres détails ? Peut-être un peu des deux ? L'un ou l'autre selon le contexte ?

- Êtes-vous une femme hyperactive, avez-vous besoin de bouger pour être efficace ? Ou au contraire aimez-vous rester assise à votre bureau, entourée de vos dossiers pendant des heures sans même voir le temps s'écouler ?

- Quel est votre meilleur moyen de réflexion et de mémorisation ? S'il est visuel, vous êtes facilement émue par les arts picturaux, vous êtes sensible à l'image, vous visualisez les scènes du livre que vous lisez. S'il est auditif, vous êtes sans doute mélomane, vous aimez les langues et réagissez plus facilement à la parole. S'il est kinesthésique, vous avez besoin de faire pour comprendre et de montrer pour expliquer.

- Vous est-il indispensable de concrétiser chacune de vos réflexions par des actions ?

- À quoi ressemble votre cycle de motivation, votre ligne de vie ? Au bout de quel laps de temps vous ennuyez-vous ?

- Êtes-vous particulièrement tournée vers les autres ? Vous définiriez-vous plutôt comme une experte, une « manageuse » ou une « leadeuse » ?

Lorsque vous aurez une vision claire de ces différents points, vous aurez grandement amélioré votre connaissance personnelle et aurez une meilleure idée de ce qui vous convient. Et surtout de ce qui ne vous convient pas !

⇨ **Venez à bout de vos virus personnels**

Nous venons d'évoquer ce qui ne vous convient pas ; c'est le moment de vous en débarrasser !

Ouvrez vos placards et faites de la place !

Votre nouveau moi a besoin d'espace pour s'épanouir. Vous devez donc désencombrer votre intérieur et jeter ce qui est inutile. C'est ici que nous travaillons sur les croyances, loyautés familiales et autres syndromes qui vous empêchent d'aller de l'avant. Exit la petite fille, la bonne élève ou l'imposteur ! Adieu les diktats nuisibles et les mauvaises rengaines qui résonnent à l'infini dans vos oreilles ! Bye bye les injonctions paradoxales, ces « sois parfaite ! », « sois forte ! », « dépêche-toi ! », « fais plaisir ! », « fais des efforts ! » qui vous empoisonnent l'existence !

Libérez-vous de ces virus transmis par votre histoire, votre culture et les stéréotypes sociétaux. Éliminez ces versions déformées de vous-même qui, si elles vous ont été utiles pendant un temps, sont aujourd'hui des entraves à votre épanouissement.

Lorsque vous aurez allégé toutes les sphères de votre vie, votre vraie personnalité pourra enfin se déployer.

"

Vous n'avez pas besoin d'autorisation pour agir sur votre destin !

"

⇨ **Arrêtez de vous auto-saboter**

Vous êtes enfin libérée ? Pas tout à fait. Il reste une dernière chose à accomplir avant de pouvoir vraiment construire votre nouvelle vie. Il reste un obstacle redoutable, celui que vous placez vous-même sur votre route, sans même vous en rendre compte.

Nous avons vu que de nombreuses femmes manquent de confiance en elles et se sentent en permanence dans l'obligation de prouver qu'elles sont à leur place, qu'elles sont compétentes, etc. Cela se manifeste jusque dans leur manière de s'exprimer.

Réfléchissez à votre façon de parler et traquez vos tics de langage. Voici un autre type de virus qui n'a d'autre effet que de vous minimiser. Quelques exemples :

- Il faut que je...

- Je dois...

- Je vais essayer...

- Euh... En quelque sorte...

Sans compter tous ces adverbes souvent utilisés pour vous excuser ou édulcorer vos propos : vraiment, honnêtement, quand même, etc.

Vous y êtes ?

Ces petits mots que vous prononcez sans y penser traduisent un positionnement subalterne, un manque d'assurance et créent le doute. Ils vont à l'encontre de ce que vous souhaitez affirmer. Ils vous sabotent. Ils rendent votre interlocuteur perplexe et démontrent votre manque d'alignement.

Ces tics d'expression sont des flagrants délits de doute sur vous-même. Alors, surveillez votre langage !

⇨ **Boostez votre confiance**

La confiance est à la fois une histoire de psychologie et de physiologie.

Il importe donc de travailler les 2 dimensions en parallèle : augmenter vos « crédits confiance » grâce aux éléments, faits, réussites que vous avez pu identifier dans votre parcours (en lien avec le chapitre sur les croyances et les petites phrases assassines), et travailler votre posture, votre voix, etc.

La vision

La plupart des personnes que je rencontre pour la première fois n'ont pas de but précis dans leur carrière. Elles ne savent pas exprimer ce qu'elles veulent réellement et pour cause, elles ne connaissent pas leurs objectifs à moyen et long terme. Leur vision est généralement centrée sur le court terme. Et on le sait bien, sans cible précise, sans cap, on se retrouve en permanence en mode survie, pompier dans son quotidien. Alors l'unique question à vous poser est celle-ci : Qui est le pilote de votre vie ?

Sans projection, pas de stratégie ni de plan d'action. Quel est votre rêve ? À quoi aimeriez-vous que ressemble votre vie, qui souhaitez-vous être dans 2 ans, 5 ans ou 10 ans ?

Nous le savons bien dans les projets que nous gérons au quotidien, sans vision rien ne pourra se mettre en place de manière structurée et anticipée. Tout se passe comme si vous vouliez vous rendre à un endroit précis sans en indiquer clairement l'adresse à votre GPS interne.

⇨ **Choisissez qui est le pilote de votre vie**

C'est la première et parfois la seule question à se poser. Qui détient les rênes de votre carrière ? de votre vie ?

Vous ? Ou bien les autres ?

⇨ **Travaillez votre pourquoi**

Nous l'avons vu, les femmes qui s'adressent à moi ont souvent une vision à très court terme de leur projet. Lorsque nous envisageons une prise de hauteur, un travail au long cours, une mise en perspective, elles constatent qu'elles n'ont pas d'idée précise de ce qu'elles veulent.

La raison en est souvent liée à une erreur d'appréciation : lorsque nous avons une définition trop vague de notre objectif, c'est généralement que nous n'avons pas identifié cet objectif mais la finalité de notre projet.

Quelques définitions pour bien comprendre :

- La finalité représente ce au nom de quoi vous agissez ;
- Le but est la direction à prendre. Ce que vous désirez atteindre concrètement à plus ou moins long terme ;
- Les objectifs sont la manière d'atteindre votre but. Vous vous fixez un ou plusieurs objectifs qui eux-mêmes se déclineront en actions concrètes.

Il est indispensable de nourrir ces 3 niveaux du plus concret au plus intangible pour agir et accomplir votre vision.

En d'autres termes, caractérisez concrètement votre but afin d'en faire une feuille de route unique et personnalisée et tendre vers votre rêve.

L'organisation

La plupart des personnes que j'accompagne pensent régler tous leurs problèmes en ne faisant que modifier et adapter sans cesse leur organisation. Quelle erreur ! À quoi bon vouloir changer votre gestion quotidienne si vous n'avez aucun objectif précis en tête ? Autant coller un pansement sur une jambe de bois !

Cette étape ne vous sera utile et profitable que si vous êtes passée par toutes les précédentes. Ne faites pas l'économie du « pourquoi » en vous attaquant d'abord au « comment ». Cela ne fonctionnera pas.

Impossible ici de vous décrire une organisation miracle puisque c'est un élément propre à chaque personne. Je peux cependant vous indiquer quelques grands principes que vous pourrez modeler et ajuster à votre vision.

Commençons par le bureau :

⇨ **Identifiez les saboteurs de temps**

Ce sont, par exemple, les collègues sympathiques et bien intentionné·e·s qui passent à l'improviste, histoire de prendre des nouvelles ; les conversations et notifications intempestives permanentes ; les invitations multiples à des groupes de travail et réunions sans réel objectif ou sans valeur ajoutée pour votre fonction. Sachez y mettre le holà ou tout au moins limiter ce genre d'interruptions.

⇨ **Privilégiez les temps d'échange courts et rapides**

Il est important de rester à l'écoute de vos collaborateurs et collaboratrices sans pour autant y sacrifier vos journées. Mieux vaut des contacts intenses et fréquents qu'une discussion à rallonge sans aucun suivi.

⇨ **Identifiez les singes**

Les singes sont ces tâches que vos collaborateurs et collaboratrices s'empressent de vous refiler plutôt que de les prendre en charge... À chacun ses responsabilités !

⇨ **Apprenez à dire non**

C'est la suite logique de ce qui précède. Refusez ce qui ne vous correspond pas, ce qui ne vous incombe pas, ce qui vous fait perdre du temps.

⇨ **Déléguez**

C'est le point douloureux pour tout perfectionniste. Heureusement, vous avez consciencieusement suivi toutes les étapes que je vous ai proposées et cette perspective n'est plus un problème pour vous !

L'alignement

Cette fois vous êtes prête à opérer cette transformation radicale dont nous parlions, et déployer votre vraie personnalité.

⇨ **Soyez en cohérence avec votre vision**

Cette étape est primordiale. En effet, s'il existe le moindre décalage entre ce que vous faites et ce que vous pensez ou ressentez, votre corps l'exprimera sans que vous en ayez conscience.

Cette cohérence est ce qu'on appelle l'alignement de :

VOS PENSÉES

VOS ÉMOTIONS

VOS ACTIONS

Lorsqu'un seul de ces éléments ne se trouve pas tout à fait en phase avec les autres, l'équilibre est rompu et l'ensemble dysfonctionne. Il vous est alors impossible d'être aussi performante que vous le souhaiteriez.

C'est ce qu'a vécu Florence dont nous avons déjà parlé précédemment. Avant que nous ne travaillions ensemble, elle était officiellement « assistante achats ». Mais son intitulé de poste ne reflétait pas ce qu'elle accomplissait au quotidien. Après 4 ans de bons et loyaux services, elle était reconnue dans son entreprise et exerçait une vraie fonction d'acheteuse. Elle ne parvenait pourtant pas à en obtenir le poste en tant que tel.

Cette situation est assez typique des femmes cadres qui privilégient le contenu à l'intitulé. Elles se disent qu'après tout, ce n'est pas très grave, puisqu'au final, elles accomplissent bien plus que ce pour quoi elles sont payées. Édifiant, n'est-ce pas ? Ces femmes oublient un peu vite qu'en entreprise, l'intitulé représente une sorte d'étendard conférant la légitimité à celui ou celle qui le porte. Dans notre cas, tout se passait comme si Florence brandissait un fanion clamant : « Je me sous-estime ! » Elle n'était pas alignée.

Sa tête pensait : « Je veux être reconnue et exercer en tant qu'acheteuse. »

Son cœur ressentait : « Je suis une petite fille, une sorte d'imposteur et cela va finir par se voir... »

Et son corps la trahissait...

Dans chacune des actions qu'elle posait, elle minimisait sa valeur de manière plus ou moins implicite. Rappelez-vous les tics de langage. Sans le savoir, elle se positionnait chaque jour dans une fonction subalterne. Son GPS interne lui imposait une série de tours et de détours l'empêchant d'arriver à destination.

Mais rien n'est jamais définitif. Après s'être débarrassée de ses blocages, après avoir travaillé sa vision, les choses ont changé pour Florence. Elle a obtenu un entretien avec son N+2 qui a reconnu son profil d'acheteuse. Progressivement, son nouveau plan de carrière s'est mis en place...

Nous avons probablement toutes vécu ce genre de situation : nous aimerions bien obtenir ce dossier, cette responsabilité, cette mission, mais au fond de nous, nous ne nous en croyons pas capables. Nous nous épuisons alors à mener des actions inutiles sans comprendre que notre comportement nous détourne du résultat visé.

La solution ?

Vous l'avez déjà compris, il importe de passer par la phase de reconnexion pour ôter de vos escarpins ces petits cailloux qui vous empêchent d'avancer, pour délester votre sac à main (les sportives évoqueront plutôt leur sac à dos !) de ces poids morts qui vous freinent. Vous pourrez alors vous projeter et dessiner une vision claire de votre objectif personnel. Imaginez-vous autrement jusqu'à ce que vous ressentiez une vibration au plus profond de vous. C'est alors que votre cœur bat à l'unisson de vos pensées. C'est alors que les bonnes actions se mettent en place avec une facilité déconcertante.

⇨ **Associez travail et plaisir**

Lorsque vous n'êtes pas alignée, les pièces de votre mécanique personnelle sont mal ajustées. L'ensemble est grippé, il vous faut sans cesse forcer le mécanisme et vous y dépensez une énergie considérable. Vous partez le matin, pleine d'entrain, et vous retrouvez lasse et découragée une heure plus tard... Le travail finit par vous peser.

Je vous propose ici de remettre le plaisir au centre de votre vie professionnelle !

Lorsque vos activités sont en accord avec vos aspirations personnelles, lorsque vous quittez votre sempiternelle position d'aide ou de retrait, lorsque vous cessez de répondre aux injonctions et aux désirs d'autres personnes, vous retrouvez alors la sérénité et le bonheur d'agir selon un mode de fonctionnement qui vous est propre. Cette fois, la mécanique est bien huilée. Vous traitez les dossiers sans résistance et menez vos projets en accord avec vous-même.

J'ai par ailleurs remarqué une chose intéressante : c'est à ce moment-là que surgissent certaines opportunités que vous n'attendiez pas ou que vous n'espériez plus ! Vous trouvez enfin l'appartement de vos rêves, un ancien client vous recontacte après des mois de silence, un partenaire potentiel vous demande un rendez-vous...

Tout est plus fluide. Tout est plus léger.

⇨ **Trouvez votre propre style de management**

Pour être enfin une « leadeuse », une cadre supérieure ou une dirigeante épanouie, il vous reste encore quelques étapes. Vous devez maintenant incarner cette nouvelle personne que vous êtes devenue.

Pour y parvenir, il importe de travailler votre comportement, notamment votre posture et votre langage. Vous devez apprendre à piloter les trois aspects de la communication orale :

- La gestuelle, le regard, tout ce que l'on désigne par communication non verbale ;
- La voix : son intonation, son volume, sa hauteur ;
- Les mots : ceux qui vous minimisent sont à bannir !

Lorsque tout est cohérent, vos interlocuteurs perçoivent votre authenticité et votre message n'en a que plus d'impact.

Réfléchissez également à la façon dont vous voulez régler les problèmes, gérer les dossiers et mener votre équipe. Vous connaissez votre progiciel interne pour l'avoir redécouvert dans ce qui précède. Comment pourriez-vous l'utiliser au quotidien ? Identifiez les pratiques qui ne vous conviennent pas et demandez-vous au contraire quelle approche managériale serait, pour vous, la plus efficace.

Partie 3 – Devenir une « leadeuse » rayonnante !

Si vous êtes quelqu'un de créatif, pourquoi passer votre temps à élaborer des procédures toujours plus strictes et ne laissant à personne le moindre degré de liberté ?

Vous êtes imaginative ? Comment pourriez-vous modifier le format de vos réunions pour les rendre à la fois plus agréables et productives ?

Je vous donne un nouvel exemple.

 CAMILLE

Camille est une mère passionnée par son job de cadre intermédiaire dans une société d'assurance. Elle gère une équipe de 15 personnes. Après un deuxième congé maternité, elle retourne au travail, pleine d'enthousiasme, mais déchante rapidement. À la maison, entre un bébé et une petite fille en proie à de fréquents cauchemars, les nuits sont particulièrement agitées. Au bureau, Camille ne supporte plus la réunionite intensive qui s'est emparée de ses collaborateurs et collaboratrices et lui fait perdre un temps précieux. Elle se surprend à détester son mode de management et commence à remettre en cause ses valeurs et ses projets.

Quelque chose doit changer, mais quoi ? Et comment faire ? La jeune femme est persuadée qu'elle est l'unique cause de ses diffi-cultés et ne comprend pas pourquoi sa situation s'est à ce point détériorée en quatre mois. C'est elle qui me confie sa sensation d'être « passée à la machine à laver, fonction essorage. »

Après quelques discussions, Camille comprend que le problème majeur n'est pas lié à son retour de congé ni à son organisation personnelle. Mais bien au fait qu'elle s'est endormie sur ses désirs et a fait taire sa personnalité au fil des années. Elle a adopté les postures et les stratégies qu'elle pensait être celles que l'on attendait d'elle. Elle a modélisé et imité des styles de management dissonants, incompatibles avec son tempérament.

Grâce au coaching, elle redécouvre finalement ses désirs profonds et ce qui fait sa fibre personnelle. Elle laisse ses émotions s'exprimer au quotidien dans ce qu'elles ont de positif. Elle se retrouve et prend un nouveau départ. Elle recentre les sphères professionnelles et personnelles autour d'elle, simplifie son mode de fonctionnement, repense son organisation et ose la délégation. Elle a désormais cessé de vivre par procuration.

"
Votre réussite est le fruit de votre authenticité, votre posture, votre attitude. Elle tient à votre capacité à devenir une « leadeuse » à la fois puissante et zen !
"

CLARA

Dans l'entreprise où travaille Clara, on prend très au sérieux le concept de QVT (Qualité de Vie au Travail). Une charte sur l'équilibre vie pro - vie perso a été signée et de nombreux aménagements ont été mis en place pour faciliter le quotidien de tous dans de nombreux domaines : gestion des déplacements ; modification des heures de réunion afin de prendre en compte les temps de transport des uns et des autres ; adaptation des horaires au moment des rentrées scolaires ; possibilité de travailler à domicile lorsqu'un enfant est malade ; possibilité de suivre à distance certaines réunions tardives, etc.

Clara m'explique que les femmes ont été les premières à bénéficier de ces aménagements. Mais très vite, les hommes y ont également trouvé leur compte. Un changement réel et définitif s'est opéré lorsque le PDG a annoncé son absence, un mercredi après-midi, car il souhaitait accompagner son fils lors d'une activité extra-scolaire...

Quid de la maison ?

Eh bien, les grands principes sont finalement les mêmes !

Identifiez puis éliminez (ou limitez) ce qui gaspille votre temps inutilement. Appliquez le principe de subsidiarité en déléguant les tâches qui peuvent l'être en fonction des capacités de chacun. Sachez reconnaître les vraies priorités : commencez par traiter ce qui est véritablement important, de l'ordre de l'urgence vitale !

Puis passez à la suite et apprenez à lâcher prise sur tout ce qui n'est pas essentiel...

Et n'oubliez surtout pas ceci : l'organisation est la partie émergée de l'**ICEBERG**. L'essentiel réside vraiment dans l'approche amont, qui vous apportera recul et reconnexion avec votre essence personnelle.

Quel parcours, n'est-ce pas ? Si vous m'avez suivie jusqu'ici, vous devez probablement entrevoir la puissance d'un tel cheminement. Comme Florence, Marie, Camille et toutes les autres, vous comprenez ce qu'une telle métamorphose peut vous apporter dans toutes les sphères de votre vie. Vous avez le pouvoir de changer ce qui ne fonctionne pas et devenir une cadre, une « leadeuse » assumée et 100% alignée en :

- étant en accord avec vous-même et en associant sans peine plaisir et réussite ;
- sachant optimiser votre temps de travail ;
- sachant déléguer intelligemment, au bureau comme à la maison ;
- prenant régulièrement du temps rien que pour vous ;
- œuvrant chaque jour à développer votre potentiel et celui de vos collaborateurs.

Êtes-vous prête à multiplier vos résultats tout en cultivant, chaque jour, votre temps personnel, votre plaisir et votre sérénité ?

❝

Vous avez le pouvoir
de faire prendre une nouvelle direction
à votre vie...

❞

Partie 4 – ET MAINTENANT ?

Eh bien, maintenant que vous avez lu ce qui précède et découvert les exemples de nombreuses femmes ayant réussi à réconcilier performance et sérénité au travail comme dans la vie, il est temps de vous demander si, réellement, vous souhaitez emprunter le chemin de la transformation.

Avant de répondre, je vous propose de revenir sur quelques points abordés dans ce livre. Posez-le quelques instants et réfléchissez aux questions suivantes :

- Quelle est votre principale frustration au quotidien ?
- Y a-t-il des cailloux dans vos escarpins ? Quels sont-ils ?
- Votre situation professionnelle vous permet-elle de vous épanouir pleinement ?
- Que ressentiriez-vous si vous aviez un meilleur équilibre entre vie pro et vie perso ?
- Qu'éprouveriez-vous si vous disposiez de plus de temps pour vous ?

Si vous froncez les sourcils en répondant aux trois premières interrogations, si vous souriez en songeant aux deux dernières, c'est sans doute qu'un changement est nécessaire.

Voici cinq conseils ultimes pour vous aider dans votre cheminement. Cinq choses primordiales à retenir de votre lecture.

Soyez attentive car ce que je vais vous dire maintenant, j'aurais aimé l'entendre il y a quelques années afin d'éviter quelques échecs cuisants et perturbants pour ma famille et moi. Même si ces derniers sont des cadeaux mal emballés et qu'ils m'ont fait grandir, j'aurais aimé que l'on m'enseigne et me guide sur le chemin de la réussite et de l'épanouissement.

1°/ Cessez de vous aveugler

J'insiste sur ce point car il est réellement essentiel. Relisez le chapitre évoquant le déni et bannissez toutes les phrases du type :

- Ça va finir par s'arranger ;
- Ils vont finir par comprendre que je suis compétente ;
- Le nombre de projets va diminuer ;
- Les enfants vont grandir ;
- etc.

La vie et la société sont ainsi faites, la roue ne s'arrête jamais ! Et si vous n'y prenez pas garde, votre quotidien peut rapidement se transformer en une vaste machine à Shadoks !

Si vous ressentez de l'inconfort voire un mal-être désagréable, n'attendez pas et prenez les choses en main !

2°/ Ne restez pas seule

Prendre les choses en main, facile à dire...

Même si vous avez décidé d'agir, il n'est pas toujours simple de cerner précisément le ou les problèmes rencontrés. Tout au long du livre, j'ai parlé d'auto-sabotage, de syndromes, d'injonctions sociétales et de fidélité familiale. C'est que notre conditionnement à agir comme des *Super Women* est extrêmement puissant et bien ancré au cœur de nos personnalités. Il importe alors d'aller au fond des choses et d'explorer les moindres détails de notre vie quotidienne pour en extirper ce qui crée notre malaise.

Comment identifier les blocages, comprendre que certains comportements n'en sont que les syndromes, rompre avec certains agissements sans trahir notre clan, etc. ?

Vous pouvez bien sûr débroussailler une partie du chemin. Mais je crois fermement à la force et aux bienfaits amenés par un regard extérieur. Qu'il s'agisse ou non de coaching, une personne objective et bienveillante pourra vous pousser dans vos retranchements pour identifier ce qui vous freine et que, peut-être, votre inconscient ne parvient pas à formuler. C'est un phénomène que j'ai bien souvent observé lors de mes accompagnements et ma meilleure récompense survient toujours lorsque mon interlocutrice me quitte bouleversée par la transformation qui s'opère... et pleine d'énergie pour bâtir sa nouvelle vie !

Mais je vous engage également à faire attention aux personnes « biens intentionnées », ces ami·e·s, collègue·s, membres de votre famille qui vous entourent et partagent immanquablement leur manque d'ambition, leurs propres peurs et croyances. Je le constate régulièrement, il est difficile de tenir sur le long terme en entendant constamment ces phrases assassines ou peu enthousiasmantes, distillées dans la durée par des personnes qui n'ont pas les compétences nécessaires pour valider ou non votre projet.

Il est donc nécessaire de s'entourer des bonnes personnes et faire alliance avec des femmes qui partagent le même objectif que vous. Car elles sont des centaines, isolées, à vouloir quitter leur condition et obtenir un poste à responsabilités tout en ayant une vie familiale épanouie.

Vous voulez gagner du temps ? Ne le perdez pas à chercher, seule, les solutions qui vous conviennent.

Si vous aviez envie de faire le tour du monde, il est fort probable que vous consulteriez plusieurs blogs et sites en quête de conseils venant de ceux qui ont déjà vécu cette aventure. Vous gagneriez ainsi un temps précieux pour prendre des décisions et mettre en œuvre votre projet.

Je constate trop souvent que les gens cherchent par eux-mêmes les solutions à leur question. C'est à mon sens une énorme perte de temps. À quoi bon lorsque l'on peut s'appuyer sur l'expertise de quelqu'un ? C'est en tout cas le principe qui a guidé mes pas tout au long de mon parcours.

3°/ Investissez en vous

Dans le chapitre 3 de ce livre, je vous recommandais également d'ajouter de la VALEUR à votre vie et votre parcours professionnel. Tout chef d'entreprise sait bien que pour créer de la valeur il faut commencer par investir. Alors faites de même et investissez en vous. Car, soyez-en convaincue, vous êtes votre meilleur atout !

Vous voulez progresser ? Changer votre vie durablement et en profondeur ? Pensez-vous vraiment y parvenir en continuant de faire de la même façon ce que vous avez toujours fait ? Offrez-vous cette formation qui vous permettra de renforcer ou augmenter vos compétences. Je vais me répéter mais le seul bien qu'il faille choyer, qui ait une valeur inestimable, qui puisse devenir diamant, c'est vous ! Ce diamant n'est jamais perdu pour peu qu'on le mette en valeur et qu'on le cisèle, jour après jour.

Accordez-vous donc ce temps dont vous avez besoin pour vous développer, devenir une « leadeuse » que tout le monde estimera et enviera. Faites-vous guider dans votre démarche.

Vous vous demandez peut-être comment sortir d'un quotidien professionnel exaltant mais épuisant. Un quotidien où vous jonglez en permanence entre vos agendas, vos rendez-vous, vos projets.

Investir en soi est un cadeau que vous vous faites. Lorsque vous cultivez vos forces, travaillez sur vos faiblesses, rencontrez de nouvelles personnes ou réfléchissez à votre vision, ce sont de nombreux bienfaits que vous récoltez. Car nous le savons trop bien, nous sommes parfois notre meilleure ennemie !

Et si celle-ci vous dit, je suis surbookée, je n'ai pas le temps ! ou ce n'est pas le bon moment avec les enfants, le dossier X, le projet Y, etc., attention ! C'est le signe que la machine infernale est lancée.

Croyez-moi, ce n'est jamais le temps qui change les choses de manière positive, mais le fait d'employer la bonne méthodologie pour y arriver.

Delphine, qui est venue me voir pour un coaching de positionnement professionnel, me le disait récemment :

« Je suis étonnée de ce que nous avons pu faire en 2 jours, je suis arrivée avec une certitude d'impossibilité, et je repars avec la conviction que je vais aller beaucoup plus loin dans mon projet.

J'ai un plan d'action structuré et des étapes balisées. Je regrette de ne pas avoir fait la démarche plus tôt. »

4°/ N'oubliez pas de vous ressourcer

Parce que non, vous n'êtes décidément pas un robot et vous avez besoin de faire des pauses. Il n'y a que 24 h dans une journée. Prendre du temps pour soi est une priorité.

Quand je parle de ressourcement, il ne s'agit pas des deux malheureuses semaines de vacances que vous arrachez à votre planning chaque année. Des congés pendant lesquels, peut-être, vous répondez à quelques e-mails ou passez quelques coups de fil... Il ne s'agit pas plus des week-ends ou jours de RTT que vous prenez de temps en temps pour vous déculpabiliser vis-à-vis des enfants.

Je parle d'un temps de qualité que vous ne consacrez qu'à vous-même et que vous vous accordez à chaque fois que vous en ressentez le besoin. De quelques heures importantes pour faire du sport, développer votre créativité, paresser, vous écouter et savourer le fait d'être momentanément hors de la grande boucle du quotidien.

C'est une autre manière d'investir en vous et de grandir, tout en douceur.

Mener une démarche personnelle de développement de votre potentiel est ce genre de temps. Du temps pour vous et avec vous pour amorcer une transformation profonde et mieux vivre votre vie jour après jour.

5°/ Ne négligez pas la partie immergée de l'iceberg

Bien souvent, on ne voit que la partie émergée, les difficultés et les couacs d'organisation. On néglige ce qui nous concerne vraiment, le manque de motivation qui s'est installé, le manque de confiance en soi, les croyances qui nous empêchent de booster notre carrière, notre énergie qui s'est envolée, nos valeurs et notre personnalité qui semblent avoir mué.

Trop de femmes se lancent dans un projet de carrière en travaillant seules dans leur coin, persuadées que le plus dur est d'obtenir le poste qu'elles briguent et qu'ensuite, quelques ajustements logistiques suffiront pour que tout aille mieux.

Je l'ai déjà évoqué, une simple réorganisation de vos tâches ne suffira pas à faire disparaître votre mal-être ni à rééquilibrer vie pro et vie perso. Si vos placards sont trop petits, il est inutile d'en changer l'aménagement encore et encore. Ils finiront toujours par déborder. La première étape, indispensable, consiste à faire le point sur ce que vous souhaitez vraiment. Ensuite viendra le temps de trier, conserver et désencombrer. Vous pourrez alors réinventer votre quotidien en ayant identifié concrètement votre vision à court, moyen et long terme.

Rien ne sert de choisir l'agencement de votre planning et peaufiner votre organisation avant de vous être vraiment reconnectée à qui vous êtes et avoir aligné de manière cohérente vos pensées, vos émotions et vos actions. Ce serait en quelque sorte « mettre la charrue avant les bœufs ».

L'organisation n'est donc que la partie visible de l'iceberg. Ce qui se trouve sous la surface est autrement plus important. À le négliger trop longtemps, vous risquez le naufrage. Vous le savez, je n'en suis pas passée bien loin.

Vous ne parviendrez à rendre votre vie vraiment exceptionnelle qu'en mettant en évidence vos talents naturels tout en dénouant les liens qui vous empêchent d'avancer.

Vous ne savez pas par où commencer ?

C'est tout-à-fait normal.

Je suis là pour vous accompagner. Vous avez sans doute des interrogations sur la marche à suivre et c'est précisément pour cette raison que j'ai créé les programmes **EMERGENCE**. Ma Mission consiste à accompagner les femmes dans leur quête d'épanouissement professionnel sans avoir à sacrifier quoi que ce soit.

Mon but est de vous aider à baliser le chemin pour que vous deveniez une « leadeuse » rayonnante.

Chaque étape est structurée pour vous aider à progresser naturellement vers votre objectif.

A la fin de chaque moment-clé, des exercices vous permettent de concrétiser vos acquis et d'assurer votre avancée.

Mais peut être avez-vous peur du jugement des autres : que vont-ils dire ?

Bonne nouvelle, vous n'êtes pas obligée d'en parler autour de vous ! Je vous le déconseille d'ailleurs (relisez le point 2) car ces personnes pourraient vous renvoyer à leur propre « incapacité » à gérer, trouver des solutions, vous maintenant ainsi dans des conditions défavorables. A croire qu'elles y trouvent un intérêt quelconque...

Une fois qu'elles ont pris la décision d'avancer ou même à la suite du coaching, les femmes que j'accompagne me confient souvent leurs progrès et ce qu'en dit leur entourage. Ainsi pour Delphine, Florence ou Linda : « je ne sais pas ce que tu as changé mais tu es différente », « maintenant on ne parle que de toi, on ne voit que toi », « tu es différente, en bien, comme si tu t'étais transformée », etc. Il faut bien l'avouer, elles font souvent des envieuses.

Vous voulez tenter l'expérience ?

Et si nous nous appelions pour en parler ?

Mon programme **EMERGENCE** n'est pas un coaching traditionnel. Il a été construit en fonction des besoins et des spécificités de mes clientes.

C'est une approche holistique dans laquelle vous aurez l'occasion d'échanger avec moi et l'ensemble des membres du programme, qui vivent ou ont vécu les mêmes situations que vous.

Je l'ai construite pour qu'elle produise des résultats rapidement sans qu'elle soit trop chronophage pour votre emploi du temps.

Sans doute vous posez-vous de nombreuses questions, c'est à la fois très sain et légitime.

Peut-être vous demandez-vous toujours si vous êtes réellement concernée, si vous avez besoin d'une telle transformation personnelle. Chaque cas est bien sûr différent : votre vécu, votre situation actuelle, votre environnement, vos aspirations, votre résilience, votre faculté à réagir aux événements, tout cela vous rend unique.

Malgré tout, vous tenez ce livre entre les mains. C'est donc que vous avez un doute, n'est-ce pas ?

Même le meilleur des ouvrages ne peut répondre à toutes les interrogations ni s'adapter parfaitement à chaque cas spécifique. Mais au moins peut-il donner des pistes. Qu'arriverait-il si vous le rangiez dans une bibliothèque et l'oubliiez comme si vous ne l'aviez jamais lu ? Sans doute auriez-vous perdu de ce temps si précieux qui semble vous faire défaut aujourd'hui. À l'inverse, que risquez-vous à prolonger la réflexion et passer à l'action ?

Chaque semaine, je bloque du temps pour échanger lors d'entretiens téléphoniques avec celles qui veulent s'engager dans cette belle aventure. Avec vous peut-être ?

Qu'évoquerons-nous lors de cet entretien ? Vous, votre parcours, vos frustrations ou difficultés, vos souhaits, les leviers sur lesquels vous pouvez vous appuyer et les actions à mettre en place…

Je prends ce temps pour toutes les femmes qui veulent changer leur quotidien et en faire une existence plus épanouissante sans sacrifier leur carrière et vie de femme.

Vous avez déjà pris le temps de lire ce livre, félicitations ! et merci pour votre confiance.

Je vous propose de passer à l'étape suivante, car c'est toujours un réel plaisir pour moi que de donner ce coup de pouce et aider à transformer une existence.

"

Vous seule avez le pouvoir de prendre votre vie en main !

"

REMERCIEMENTS

Merci à toutes les clientes qui m'ont apporté leur témoignage. Sans vous, ce livre n'aurait pas été aussi riche d'expériences vécues !

RESTONS EN CONTACT

Je serais ravie de lire vos commentaires et d'échanger à propos de ce livre.

Ces pages vous ont inspiré des réflexions ?

Vous aimeriez partager votre expérience ?

Me laisser un message ?

Me faire part de vos doutes ou de vos questions ?

Une seule adresse : ellevolutions@gmail.com

Et pour plus d'inspiration, retrouvez-moi sur LinkedIn ou sur la page Facebook Elle'volutions !